Né le 29 mai 1923 à Lon... quitte l'école, entre en ap... Dôle. Tente ensuite, tout en... Beaux-Arts. Ses projets son... dant l'occupation, exerce ... puis à la campagne pour ... bilisation (1945), essaie de vivre de sa peinture, mais doit y renoncer à la naissance de son deuxième enfant (il en a trois), entre alors à la Sécurité Sociale comme employé aux écritures – il y restera neuf ans.

Cependant, il a commencé à écrire. En 1956, son premier roman L'Ouvrier de la nuit, *paraît chez Julliard. En 1958, c'est* Qui m'emporte, *chez Robert Laffont (comme tous les romans qui vont suivre). En 1959,* L'Espagnol. *En 1960,* Malataverne. *En 1962, s'ouvre avec* La Maison des autres *la suite romanesque de* La Grande Patience *qui s'enrichit en 1963 de* Celui qui voulait voir la mer, *en 1964 de* Le Cœur des vivants, *en 1968 de* Les Fruits de l'hiver *(Prix Goncourt, 1968).*

Dans l'intervalle, paraissent Le Voyage du père *(1965),* L'Hercule sur la place *(1966) et* Victoire au Mans *(collection Plein Vent). En 1969 paraît un recueil de nouvelles* L'Espion aux yeux verts. *En 1970,* Le Tambour du bief *et* Le Massacre des innocents. *En 1972,* Le Seigneur du fleuve.

Il publie ensuite une deuxième série romanesque, Les Colonnes du ciel, *qui comprend* La Saison des loups *(1976),* La Lumière du lac *(1977),* La Femme de guerre *(1978),* Marie Bon Pain *(1980), et* Compagnons du Nouveau Monde *(1981).*

En 1990, paraît Maudits Sauvages, *en 1991,* Meurtre sur le Grandvaux.

Bernard Clavel a également publié une Célébration du bois, *une* Vie de Gauguin, *une étude sur Léonard de Vinci et plusieurs contes pour enfants. Il est l'auteur de nombreuses pièces radiophoniques montées en France et à l'étranger et est très attiré par la télévision où il a adapté plusieurs dramatiques.*

Les œuvres de Bernard Clavel sont traduites en de nombreuses langues.

L'Ouvrier de la nuit est le premier roman de Bernard Clavel, publié en 1956.

« Ce livre est un cri, jeté sur le papier en quelques jours et quelques nuits de fièvre. » Ce livre est une confession, terrible,

(Suite au verso.)

déchirante, la confession criée d'un homme qui a tout sacrifié – jusqu'à l'affection de ses parents et jusqu'au bonheur de sa femme et de ses enfants – pour répondre à l'appel qu'il sent en lui : être un grand artiste. Et, à l'heure où il vient de subir un nouvel échec, il se remémore tout ce qu'il a exigé des autres et de lui-même, et les jours et les nuits de fol espoir et de misère.

Ce livre de colère est surtout un livre de courage.

BERNARD CLAVEL

L'ouvrier de la nuit

ROMAN

LAFFONT

En escripvant ceste parolle,
A peu que le cuer ne me fent.
François VILLON.

EN GUISE DE PRÉFACE

Mon cher Jacques,

J'ai sur ma table, depuis trois jours, le seul exemplaire de « L'Ouvrier de la Nuit » que je possède ici.
La couverture a bruni au soleil de quelque vitrine,
elle est toute piquetée de cette neige couleur brou de
noix qui est la rouille du papier et dont l'humidité
jaspe les vieux livres.

Il est vrai, ce récit est déjà un vieux livre.

Si le bas de cette couverture demeure plus propre,
c'est qu'il porte la trace de la bande dont vous aviez
eu l'idée, Pierre Javet et toi-même, pour compléter le
titre par cette formule qui était presque une question : « ... ou le malheur d'être écrivain ».

La bande a disparu, mais ces mots ont pesé sur
moi durant des années. Ils m'ont poursuivi comme
un mauvais présage, comme ces phrases que les vieux
paysans prononcent pour accueillir sur cette terre un
enfant dont la naissance leur paraît étrange. La bande
a disparu, ce qu'elle disait a cessé de me poursuivre,
mais il me reste du temps où j'écrivais ce livre, le

souvenir précis, à la fois très proche et infiniment lointain.

L'exemplaire que j'ai sous les yeux n'a jamais été feuilleté par personne. Hier matin, j'en ai coupé le premier cahier, j'ai lu trois pages, puis j'ai renoncé. Je lirai les nouvelles épreuves : ce sera suffisant, car je sais que si je commence à corriger, c'est un autre livre que je te donnerai à imprimer.

J'ai tenté aussi d'écrire les quelques pages de préface que tu me demandes, mais je n'y suis pas parvenu. On n'est jamais à l'aise pour parler de soi, et on l'est encore moins lorsqu'il faut parler dans le vide. Tu sais, c'est toujours entre eux que les vieux évoquent leur jeunesse, que les anciens combattants revivent leurs campagnes. Alors, c'est à toi que j'écris, parce que, depuis plus de quinze ans, tu es mon compagnon de lutte, et que l'amitié qui nous lie a ceci de particulier qu'elle est née avec ce livre et s'est fortifiée à travers tous les autres, les tiens et les miens. Autrement dit, notre amitié est étroitement liée à notre travail, à ce que nous voulons tirer de ce qu'il y a en nous de meilleur et de pire. Car nous avons en commun cet attachement à notre jeunesse et aux années les plus dures de notre vie. Tu sais que le héros de ta « Nuit allemande » et le modeste ouvrier de ma propre nuit sont deux frères qui s'aiment beaucoup. C'est très beau, une amitié qui a la forme d'une route, surtout si cette route est tortueuse.

Au fond, ce qui importe, c'est la sincérité et la fidélité. Pour nous, les quinze années qui ont coulé depuis la publication de ce livre reposent sur ces deux vertus, et ce sont encore elles qui me poussent à accepter aujourd'hui une réédition que j'ai longtemps refusée. Fidélité des lecteurs, cette fois, qui m'écrivent souvent pour me demander ce livre « épuisé ».

Tu le sais aussi bien que moi, je dois beaucoup plus à la fidélité de mon éditeur, des libraires et de mes lecteurs que je ne dois à la critique. Ceux qui veulent vraiment lire ce livre l'empruntent à une bibliothèque, et j'ai été très touché, l'an dernier, par la visite d'un jeune lecteur de Bienne qui avait fait photocopier ce livre, l'avait relié avec amour, et me l'apportait pour une dédicace. Si l'écriture est un dialogue, il arrive parfois que certaines répliques de nos lecteurs nous touchent au cœur.

Mieux vaut donc une nouvelle édition, et mieux vaut avouer que si j'avais à écrire aujourd'hui cette histoire, je le ferais dans un style différent et sous une autre forme. Je la nourrirais de ce que m'ont apporté quinze années de métier; je serais plus calme, et le recul me donnerait la force d'imposer à mon récit un rythme plus mesuré. Cependant, la matière première resterait la même, et il est des moments où je me demande si le livre y gagnerait vraiment. Notre métier a ceci d'extraordinaire qu'il nous pose sans cesse des questions auxquelles nous ne pourrons jamais répondre.

Au fond, il suffit que le lecteur soit averti que ce livre est un cri, jeté sur le papier en quelques jours et quelques nuits de fièvre. On peut retoucher une œuvre construite, on ne retouche pas un cri. A vrai dire, ne l'ayant jamais relu, je n'en ai pas un souvenir très précis. En revanche, je porte en moi le souvenir de ce qu'était ma douleur du moment, et le souvenir aussi de ce qu'était ma vie à cette époque.

Je revois Vernaison, les rives du Rhône encore sauvages, la véranda où j'écrivais dans une cabane que je m'étais construite pour me protéger du froid; je revois mes amis de ce temps-là dont certains sont morts et dont d'autres, bien vivants, sont toujours

mes amis. Je revois aussi celui qui avait suivi du plus
près la naissance de ce livre et dont le départ m'a
peiné davantage que ne m'eût peiné sa mort puisqu'il
m'a trahi par intérêt. Je revois tout cela, et mes enfants tout petits, sans gâteries ni vacances de soleil,
car nous étions pauvres. Je revois ma femme tapant
le manuscrit sur une antique machine prêtée par le
menuisier du village, mon ami Vachon, qui croyait en
moi. Il y croyait depuis des années et m'avait toujours fourni gratuitement le bois que je sculptais, les
panneaux que je barbouillais, les cadres pour mes toiles. L'amitié a toujours joué un très grand rôle dans
ma vie. L'amitié de ceux qui, comme Robert Malfroy,
Gaston Georges, le papa Lunel, Louis Mouterde, Marc
Renaud et quelques autres achetaient ma peinture
peut-être un peu parce qu'elle leur plaisait, mais surtout, j'en suis persuadé, pour nous aider discrètement
à ne pas crever de faim. L'amitié aussi d'écrivains
comme Bazin et Lanoux qui m'ont empêché de publier mes premiers écrits horriblement mauvais.
L'amitié de René Julliard, mon premier éditeur, dont
Robert Laffont me disait dernièrement : « Il fallait
qu'il ait une très grande foi en vous et qu'il soit rude-
ment courageux, pour publier un premier livre aussi
difficile à défendre que « L'Ouvrier de la Nuit ».

Ton amitié de ce temps-là, puisque tu as été le plus
obstiné défenseur de ce livre et que, après ce premier
échec, c'est encore toi qui m'as aidé à poursuivre.

Je retourne l'exemplaire que j'ai devant moi. Sous
le petit texte de présentation dont tu es l'auteur, il y
a les noms d'une douzaine d'écrivains de notre géné-
ration. Certains publiaient comme moi leur premier
livre. Des noms sont oubliés, d'autres ont grandi, et
je repense à la bande du livre. Est-ce un malheur ou
un immense bonheur, que d'être écrivain ? Parmi ces

noms, celui d'un homme dont l'amitié généreuse me
fut infiniment précieuse : Jean Reverzy. L'un des plus
grands, l'un des plus sincères et qui est mort trop
jeune après avoir cent fois répété que l'écriture est
toujours une autodestruction. A-t-il répondu à la
question ?

Si je fais aujourd'hui le compte de la douleur, de
la peine, des nuits de veille, des déceptions, des sarcasmes encaissés, des jalousies sordides, des pièges de
toutes sortes, des épreuves, des trahisons subies, des
privations aussi que j'ai imposées aux miens, je suis
tenté de dire que c'est, en effet, un très grand
malheur que d'être atteint par le virus indestructible
de l'écriture. En revanche, si je regarde le chemin
parcouru et les rencontres qui le jalonnent; si je me
penche sur quelques actions menées en faveur de ce à
quoi nous croyons et que nous nous obstinons à défendre; si je considère que ce chemin m'a tout de
même ramené à la terre de mon enfance pour me permettre d'y vivre dans des conditions que mon départ
solitaire ne me permettait pas d'espérer, je me dis
que, somme toute, s'il y a un certain bonheur
d'écrire, il arrive qu'il débouche sur un certain
bonheur d'être écrivain. Car si nous avons tous
souffert et pleuré en cachette pour nous arracher
quelques pages que nous devions déchirer, avouons
qu'il nous arrive aussi de jouir pleinement de l'acte
d'écrire.

Tu t'es réjoui en l'apprenant parce que tu es
comme moi un homme enraciné : je suis revenu dans
mon pays. J'ai attendu ce jour en secret durant des
années sans oser l'espérer. De notre fenêtre, nous dé-
couvrons au loin le village où a grandi la Françoise
de « L'Ouvrier de la Nuit ». Il me faut dix minutes
pour me rendre sur la tombe de mes parents et

j'écris dans le village même où Jean Prat a tourné
« L'Espagnol ». Est-ce à dire que je trouve ici une
certaine sérénité ? Non, tu sais comme moi que les
personnages qui nous habitent sont turbulents et que,
pour porter en nous — si modeste soit-elle — une
part du monde, nous ne pouvons être en repos tant
que ce monde est en folie.

Acceptés, et souvent fraternellement, par les hommes qui se retrouvent dans ce que nous écrivons,
mais rejetés par les institutions hors d'une société
que nous défendons pourtant plus volontiers que
nous ne l'attaquons, nous serons toujours, par certains côtés, des maudits. En cela, la bande que tu
avais placée sur mon premier livre ne se trompait
pas. Elle était valable pour la plupart d'entre nous.

Mais nous restons où nous sommes. Enracinés, liés
par l'amitié beaucoup plus solidement que par les
contrats, nous nous accrochons à notre terre et à notre travail. Nous croyons en ce que nous faisons, et
nous voulons continuer de croire en l'homme.

Chaque occasion qui m'est offerte de me retourner
sur mon passé m'amène ainsi à constater que l'amitié
et l'amour y tiennent une place considérable.

Sans l'amour immense, solide et lucide de Françoise, le narrateur de « L'Ouvrier de la Nuit » n'aurait pas survécu à ce livre. L'amour qu'il a reçu lui a
donné la force de vivre et de s'accrocher aux obsta-
cles dressés sur son chemin pour les franchir. La petite paysanne a enseigné à ce bohème la longue patience des gens de la terre.

A cet amour s'est ajoutée l'amitié tenace de quelques êtres dont tu es. Et c'est parce que notre amitié
est née avec ce livre que je m'adresse à toi. A travers
ce que je t'écris, d'autres sentiront que je ne les oublie pas.

Je ne saurais rédiger une préface, mais ces quel-
ques pages peuvent en tenir lieu. Et il ne me déplaît
pas que ce livre parfois cruel, s'ouvre sur des mots
que dicte une grande amitié.

Château-Chalon, le 21 février 1971.

Bernard CLAVEL.

I

IL est vingt et une heures. Le train s'ébranle. Il y a trois autres voyageurs dans le compartiment et je mentirais en disant que je ne les vois pas. Je suis extrêmement lucide.

Et même ton image, que j'ai devant les yeux depuis ce matin est trop vague, trop transparente pour m'isoler du reste du monde. Ce n'est que tout à l'heure, quand j'aurai calé ma tête dans l'angle du compartiment, quand j'aurai fermé les yeux, que je parviendrai à être seul avec toi.

Seul avec toi; avec les petits. Avec les autres aussi. Les morts... Là, je vous sentirai accrochés à moi de vos mains crispées. Leur étreinte me dira, avec assez d'éloquence peut-être pour me le faire enfin sentir, tout ce que peut renfermer votre long silence.

Mains de ma mère, larges et dures comme celles des terrassiers; déformées par des travaux d'homme; crevassées par l'outil, violettes d'engelures que l'impitoyable hiver jurassien faisait éclater; mains qui n'avaient su garder que pour moi leur douceur, leur habileté à caresser. Mains plus dures encore de mon père, qui n'osaient jamais se lever sur moi et n'osèrent jamais non plus se tendre vers moi.

Tes mains à toi, Françoise, ma femme. Tes mains

de trente ans, semblables déjà aux vieilles mains de ma mère.

Enfin, les mains de nos trois petits, toutes pleines de cette confiance innocente, absolue et si tendre.

Oui; tout à l'heure vous serez tous là. Vous aurez chassé du compartiment les visages étrangers que le sommeil rendra plus étrangers encore.

Mais maintenant, malgré votre présence, ce n'est pas à vous que je voudrais penser ! Non ! Je voudrais revivre cette journée passée loin de vous, à errer dans ce Paris que je n'ai pu voir; cette journée glaciale qui s'achève. La revivre pour moi seul. M'en pénétrer afin qu'elle me soit une leçon.

Une leçon définitive.

Elle commence, cette journée, à dix heures trente précises, avec ma visite à cet éditeur dont la lettre nous avait apporté tant d'espoir. Elle commence avec le refus de cet homme de qui nous attendions tout; avec la fin de notre espoir.

Tu te souviens, Françoise, il y a huit jours, quand tu as reçu cette lettre? Comme ta voix tremblait lorsque tu m'as appelé au téléphone. Tu ne pouvais pas attendre le soir; garder toute une journée cette joie pour toi seule. Il te semblait qu'elle ne t'appartenait pas. Fût-ce pour quelques heures...

C'était normal : tu n'as jamais su garder pour toi que les peines. Car tu en avais reçu combien d'autres avant « celle-là », depuis tant d'années ? Toutes des lettres de refus. La formule habituelle. Polie. Rapide. Qui me faisait hausser les épaules à moi, l'être supérieur ! Mais qui devait te pincer aigrement au plus secret du cœur.

Alors tu ne téléphonais pas. Tu gardais ta peine et notre déception jusqu'au soir; comme si tu avais espéré user ma part avant de me la remettre. Mais, en rentrant, je n'avais pas besoin de demander s'il y avait du courrier. Tes yeux ne savent pas mentir, ils ne peuvent rien dissimuler. J'y lisais une telle tendresse, un amour si intense, si généreux que je devinais l'arrivée d'une mauvaise nouvelle. Et je répondais à peine à ton baiser. Je me dégageais de ton étreinte (j'ai dû te faire mal quelquefois). J'avais besoin de ton affection, mais mon orgueil la repoussait.

Pourtant, ta voix émue, étranglée de joie d'il y a huit jours, je ne l'ai pas repoussée. Pas plus que ton étreinte, le soir, à mon retour.

Et maintenant c'est fini. La joie, l'espoir, tout...

Le train me ramène vers toi. Tu dois m'attendre. Et, pour toi, l'espoir ne finira qu'à l'aube, quand je rentrerai.

Pour la première fois de ma vie, et peut-être parce qu'enfin je viens d'être si brutalement rejeté dans la réalité, je sens monter en moi assez d'amour pour Vous offrir quelque chose. Je voudrais revivre cette journée avec tout ce qu'elle comporte pour moi de douloureux et Vous offrir mon mal.

Mais déjà vos visages sont là. Je vous ai appelés dans ma détresse avec trop de ferveur. Vous vous interposez entre ma volonté et le présent, pour me dire que c'est par vous qu'il faut commencer.

Et, malgré moi, aux visages de nos petits, à ton visage, Françoise, se substitue celui de ma mère.

Un visage venu du fond d'une tombe glacée. Une face de vieille paysanne, burinée par la maladie, tannée par le vent et le soleil, creusée par le travail, rongée par les larmes, et si maternelle pourtant. Cette apparition soudaine ne me surprend pas. Elle se lève devant moi parce que je suis lucide, précisément. Parce qu'il faut qu'elle soit la première au rendez-vous.

Ma mère : ma première victime.

La première arrivée au bout du chemin sans issue dans lequel tu t'es engagée à ton tour, Françoise, voilà plus de dix ans. Dix ans déjà que tu as pris la relève dans cette ornière où s'enlisent tous ceux qui m'aiment.

Une ornière qui se referme et devient vite une tombe.

Où êtes-vous, les morts d'amour pour moi ? Où es-tu, ma mère ? Où es-tu, mon père ?

Vous, dont le souvenir me vient du fond de la terre muette. Du fond de l'oubli.

Car vous n'étiez plus à mes côtés durant les heures d'espoir. Oubliés. Effacés, les Vieux! Enterrés une deuxième fois.

Dans ce train qui roule de plus en plus vite, vous êtes bien vivants pourtant. Vous vous dressez sur le bord de votre tombe, à la limite de votre mort et de ma vie, avec votre regard très doux, pour me crier votre pardon.

Mais je sais que je n'y ai pas droit.

Un pardon se mérite. Il se paie. Or, je n'ai rien donné, même pas l'obole du souvenir.

Mais, ce soir, il ne s'agit plus de souvenir. J'ai fait surgir de l'oubli vos visages qui s'installent en moi.

Plus vivants, plus tangibles, plus hardis qu'ils ne furent jamais, mes morts s'imposent.

Mes pauvres vivants timides de jadis, mes pauvres vivants oubliés deviennent des morts impressionnants. Pour la première fois ils commandent, ils exigent.

Vous étiez vieux déjà quand je suis né.

Aussi, comme il devait y avoir de l'espoir pour vous dans ce matin de printemps... Dans ce nid de verdure, rude et douillet à la fois, où les fleurs piquaient avec un air de fête leurs cocardes de lumière.

Je vois très bien la grande allée. Mai s'achève. Les campanules timides s'ouvrent, blotties entre deux rangs de mufliers aux gueules jaunes de pollen que mordent des bourdons. Le soleil est très haut déjà dans le ciel uni, presque incolore. La vieille sage-femme voûtée et barbue quitte la maison, son cabas de toile cirée pendu au bras. Un accouchement de plus, un gosse de plus au village. Sa tâche est terminée. Elle s'en va, ses quinze francs dans la poche de sa blouse noire. A son côté trottine une voisine, la mère Tavinge, venue pour aider, le cas échéant... Pour savoir aussi, surtout pour savoir. Pour me voir arriver.

Ça valait le dérangement !

« Elle qui aurait voulu une fille ! »

Car je l'ai su plus tard, c'était une fille que tu attendais, ma mère. Tu vois, déjà en venant au monde je t'apportais ta première déception.

« Enfin, elle avait l'air contente. Le père aussi. Pourtant, à ces âges... »

Bien sûr que vous étiez heureux. Depuis le temps que vous attendiez ! Garçon ou fille, un enfant c'est toujours un enfant.

« Elle a beaucoup souffert ?

— Oui, beaucoup. Ça n'était pas facile. »

Mais la souffrance, maman, ça te connaissait, n'est-ce pas ? Vous étiez huit enfants chez toi. Tu étais l'aînée et tes parents étaient pauvres. C'est tout dire sur ta jeunesse. Après ? Trente ans à gratter la terre. Et pourtant, tu n'avais rien vu. Rien.

Et les fleurs continuaient d'embaumer le jardin. Et le soleil, jouant entre les branches des pommiers roses de promesses, brodait au sable propre de l'allée

un pourpoint de dentelle sans cesse renouvelé. Il était
votre seul luxe, ce jardin devant la maison.

Les commères s'en allaient : la sage-femme soulager
d'autres parturientes; la mère Tavinge semer la nouvelle aux quatre coins de la rose des vents.

« C'est un garçon ! Ils ont un garçon! »

Tu peux zigzaguer, la vieille, de porte en porte dans
la rue du village. Tu peux crier, de la fontaine au la-
voir : c'est un beau cadeau que le ciel du printemps
vient de faire à tes voisins ! Un splendide cadeau, en
vérité !

Mais toi, ma mère, toi qui venais d'accoucher de
ton bourreau, tu ne pensais qu'au bonheur. Ce petit
tas de chair vagissante dans le grand lit à côté de toi,
c'était le bonheur, pour toi. C'était un être que tu allais aimer de toute ta force jusqu'à en mourir.

Elle ne savait pas. Elle ne pouvait pas savoir. Un
nouvel organe venait d'éclore en elle. Il se développait
dans sa poitrine endormant l'élancement de sa chair
déchirée. Son cœur battait plus allégrement. Elle ne
savait pas que ce sentiment nouveau, cette sensation
mystérieuse qui l'envahissait, ce fluide qui se mêlait à
son sang et coulait très chaud, d'une chaleur étrange,
dans ses veines, faisait déborder tout son être d'une
jeunesse inconnue, elle ne savait pas que c'était
l'amour.

C'était l'amour véritable. L'amour absolument pur.

Elle était de ces êtres exceptionnels qui ignorent la
haine, le mépris, l'indifférence même. De ces êtres qui
ne savent qu'aimer. Et pour elle, aimer c'était donner.
Pas autre chose.

Debout au pied du lit, mon père reste immobile,
laissant pendre gauchement ses mains ouvertes. Il ne
dit rien. Il ne sait pas ce qu'il faudrait dire, lui ! Le

cuir de sa face se plisse, il sourit. Ses mains restent sans geste. Que peut faire de ses mains un homme qui vient de lâcher la pioche pour la première fois depuis un demi-siècle ? Rien. Rien, sinon étrangler.

C'est ce qu'il eût fallu faire, mon père. M'étrangler au berceau ! Vous seriez encore vivants tous les deux. C'est certain.

Ce petit tas de chair que vous chérissiez déjà vous a tués.

Mais votre mort ne m'a rien appris. Elle ne m'a rien fait comprendre. Il n'a pas suffi que vous en creviez tous les deux pour que j'ouvre les yeux. Car c'est bien ainsi que l'on appelle une mort pareille ! Crever ! Crever comme des bêtes sans une plainte, sans un mot, sans un reproche. Voilà ce que vous avez fait.

Et encore, comprendre n'est rien. Il faut admettre. Avoir le courage de reconnaître. Il y a plus de dix ans que vous êtes morts et il a fallu aujourd'hui pour que j'admette enfin. Pour que je consente à quitter ce domaine de rêves où j'ai vécu jusqu'à présent. Vous m'avez mis au monde il y a trente ans, on vient seulement de m'ouvrir les yeux sur la réalité.

Je ne sens monter en moi aucun regret. Les regrets sont inutiles et je suis rassasié d'inutile. L'inutile a rempli toute mon existence jusqu'à présent. Maintenant, j'ai mal. Simplement.

Mal de savoir que vous êtes morts pour moi, de moi. Morts d'amour pour moi et pour rien, absolument. Si l'on veut un exemple de sacrifice gratuit, le vôtre est là, émouvant de simplicité. De naturel.

Vous étiez bons. De la grande bonté des humbles, de ceux qui savent tout endurer et se taire. Ceux dont la vie est faite de peine, uniquement. Pour les gens de votre race, se plaindre est une perte de temps, un luxe.

Et l'Eglise se réserve le choix des saints, des martyrs... Qu'on me laisse rire !

Votre plaisir ? La terre. Nette et parfaitement tenue.

Votre joie ? Mon bonheur.

Et pourtant, que n'ai-je pas fait pour vous dégoûter de moi ?

Mais je vais vite. Trop vite. Je m'engage déjà dans un chemin de traverse. J'ai l'impression de vous rayer de la vie une deuxième fois, avant l'heure. D'un seul coup.

Dans ce train dont le roulement bourdonne dans ma tête trop pleine, tout au long de ce chemin qui me ramène vers ceux qui ne sont pas morts et souffrent encore par moi, je voudrais reprendre à mon compte toutes vos peines et les leurs.

Les roues grincent sur un aiguillage. Le métal geint comme pour m'aider à me souvenir. Il me semble entendre crier, avec des voix d'enfants malades, des chats qui font l'amour ou des chats qu'on égorge.

Ces cris sont rauques, avec des aigus tranchants, des modulations lentes. Des cris à l'image du souvenir.

Le souvenir qui vous troue la peau d'un seul coup, pour un rien : une image quelconque, anodine en soi; un rayon de soleil, un souffle d'air dérobant une neige de graine au foin trop sec... Ce petit rien vous entre dans la chair, s'incruste, mûrit lentement à l'intérieur.

Quelquefois, un abcès n'est rien. Il blanchit en deux jours. Quand la peau est tendue à point, elle crève. Un peu de mauvais sang s'écoule et tout est fini. Mais quand le mal est trop profond, trop solidement enraciné, il faut recourir au bistouri. Une bonne entaille et vas-y, appuie tout autour. Seulement là, pas d'hésitation, pas de demi-mesure. Si tu n'extirpes pas tout jusqu'au germe, autant dire que tu n'as rien fait.

C'est dur, bon Dieu !

La pudeur, quelle saloperie !

A côté de moi, il y a l'éternelle indifférence du monde. Ces voyageurs endormis, qu'est-ce que ça peut leur foutre qu'un chat mort depuis bientôt quinze ans se réveille cette nuit et pousse sa plainte jusqu'au fond de moi. Les heureux sont ceux qui n'ont rien d'autre qu'une ardente envie de vivre. Des rocs sans faille. Contre leur écorce d'acier, l'aiguille la mieux trempée se brise comme du verre. On ne peut pas leur faire une injection de souvenir.

Le roc que je croyais être avait une crevasse, et j'ai beau fermer les yeux, un soleil rouge pénètre mes paupières.

J'ai besoin de vider l'abcès.

La peau tendue une fois crevée, il faudra que je dise jusqu'au dernier mot.

Il faut que je dise, ma mère, comment tu es morte à force de larmes retenues. Etouffée par ce grand amour; ce grand amour sans joie. Il faut que je dise, mon père, ton incessant labeur silencieux; ta vie sans espoir; ta mort de vieillard trahi.

Que je te dise aussi, Françoise, ma femme, ta jeunesse perdue; ta souffrance cachée sous un rire; ta vie sacrifiée à mon orgueil de lâche. Et le fleuve. Ce fleuve que tu as le droit de haïr parce qu'il est ton mal physique et ta plus grande peine de cœur.

Et puis, enfin, il faudra que je dise, mes enfants, que je vous ai délaissés pour vivre avec des rêves. Des chimères. Avouer que je n'ai su vous trouver que pour passer sur vous en injustes colères, ma rage, mon dépit, chaque fois que la réalité me griffait pour me rappeler à elle.

Quand on veut se donner la peine de rassembler toutes ses forces, un saut de quinze années en arrière ne doit pas être terrible ! Quinze ans, puis refaire la route pas à pas. Buter aux mêmes pierres, s'accrocher aux mêmes ronces, piétiner la même boue; cueillir les mêmes fleurs clairsemées aux mêmes talus; et surtout : ne rien oublier. Pas de raccourcis, ne jamais couper les tournants dangereux.

Cette nuit, tout est là pour m'aider. Ces grincements de roues pareils aux cris des chats me donnent le départ.

Oui, je m'en souviens : c'est ce jour-là que tout a commencé. Un matin de juin... J'avais dix-sept ans.

Où êtes-vous, mes témoins, mes camarades ? Vous souvenez-vous de cette matinée semblable à tant d'autres ?

Moi, le soleil de ce jour-là m'est entré sous la peau. Il a dormi longtemps, mais aujourd'hui il se réveille et me coule dans les veines. Il me brûle le sang comme un virus.

Quoi que je fasse désormais, ce reproche vivant restera lié à l'essence même de ma vie. Car plus j'y pense, plus j'ai la certitude que c'est ce jour-là que tout a commencé; ce matin de juin qui m'obsède.

C'est peut-être idiot, grandiloquent et ridicule, cette espèce de symbole. Qu'importe !

Tout vient de ce jour-là, oui. Tant il est vrai qu'il faut avoir trempé une fois ses mains dans le sang pour ne plus craindre le crime; pour finir par en jouir même sans l'aimer vraiment.

Le roulement du train s'estompe. Il diminue à chaque tour de roue pour n'être plus bientôt que la chanson du vent courant sur l'herbe moirée de lumière. Très haut, dans le ciel sans ombre, ce vent soulève sur sa main plate une buse endormie.

L'air est déjà lourd de soleil, crissant d'une multitude d'insectes invisibles. Mon père est là, tout près, derrière la maison. Il s'est levé bien avant l'aube. Je ne dormais pas. Il a ouvert sans bruit la porte de ma chambre. Du seuil, à voix basse, il a demandé :

« Tu dors ? »

Je n'ai pas bougé. C'est bon un lit tiède, quand le matin fraîchit. Je ne l'ai pas entendu refermer la porte. La troisième marche de l'escalier a grincé sous son pied nu. Dans le couloir, en bas, il a chaussé ses sabots. Alors, j'ai soupiré :

« Ouf ! Le Vieux a compris. »

J'ai eu ma grasse matinée bien tranquille : le lit jusqu'à dix heures avec tous les bruits de la ferme qui s'éveille, qui se met au travail, c'est bigrement bon !

Au fond, c'est peut-être de là qu'est venu tout le mal. Je sentais qu'on travaillait pour moi. Et quel travail ! Pas l'exploitation agricole moderne avec tout son personnel et ses machines perfectionnées. Non. Juste de quoi vivre en se crevant à la tâche. La pioche, la bêche, une malheureuse charrue. Ah ! mes pauvres Vieux, quand j'y pense !

Je ne pourrai plus rencontrer un paysan aux reins cassés sans penser à vous !

Je me suis levé à dix heures. Mes camarades sont arrivés. Je nous revois tous trois dorant au soleil nos muscles inutiles d'athlètes paresseux. J'aime sentir cette brûlure sur ma poitrine tandis que mon dos boit la fraîcheur du sol. La pioche de mon père tinte de l'autre côté de la haie d'aubépine qui sépare le pré de la vigne.

« Y nous fait chier, ton vieux, avec sa pioche. Ça m'agace, ce bruit.

— Tu pourrais pas lui dire d'aller plus loin ? C'est

pas la peine d'avoir des terres aux quatre coins du pays, faut qu'il vienne se mettre à côté de nous pour nous emmerder. »

Je sais bien que vous plaisantiez, mes camarades; mes amis venus de la ville voisine...

Chaque coup de pioche de ce vieillard usé par un travail sans relâche, n'était-ce pas une bouchée de pain pour moi ? Un verre de ce vin que nous lui volions pour aller nous soûler avec des filles ? Car je buvais à cette époque. Le vin me dégoûtait, mais je buvais pour faire comme les autres. Pour être un homme. Pour être un grand poète aussi. Comme Verlaine... pas plus !

On peut rire : ce n'est pas drôle.

Nos muscles, dont nous étions si fiers, auraient avalé en quelques heures le travail qui demandait à mon père une journée d'effort. Nous restions là, vautrés dans l'herbe, avec seulement le courage de railler.

Nous avions dix-sept ans. Ce n'est pas une excuse.

En me retournant pour présenter mon dos au soleil, j'apercevais mon père entre les branches. Appuyé d'une main sur le manche de son outil, il redressait péniblement ses reins douloureux en passant un avant-bras racheux comme un cep sur son front ruisselant. Il ôtait quelquefois son chapeau de toile pour essuyer la sueur qui perlait sur son crâne blanc. Si tu le regardais à ce moment-là, toi Roger, toi mon camarade dont les plaisanteries nous amusaient tant, tu prenais un air faussement courroucé pour maugréer :

« Fais-lui remettre son galure. Y m'éblouit avec sa boule de billard. J'ai les yeux fragiles, moi ! »

Le plus odieux, c'est que je n'étais pas insensible à tout cela. Mais je riais quand même. Sans honte. « Parce que c'était spirituel et qu'il fallait rire. »

Etait-ce seulement la paresse qui me poussait à me

conduire ainsi ? Non. Il y avait l'orgueil. Il y a toujours eu l'orgueil. Et, dès ce moment-là, si je n'avais
pas eu besoin de leur argent, je crois bien que j'aurais renié mes parents parce qu'ils étaient des paysans. Qu'auriez-vous pensé de moi, mes camarades, si
un jour, en venant me chercher pour le bain ou
l'apéro, vous m'aviez trouvé en train de bêcher ?

Se crever à faire du sport; « se faire transpirer en
sautant à la corde pour faire le poids » avant la com-
pétition; être bronzé à souhait; plastronner devant les
filles; mais surtout ne pas se déshonorer par le travail.

Les heures passent. La pioche continue sa marche
régulière, acharnée. Cette lutte contre la terre, qui finit toujours par triompher de l'homme; par l'user
jusqu'à ce qu'il tombe et qu'on jette là sa carcasse
desséchée !

La pioche tinte contre les pierres... Deux pioches
tintent maintenant. Ma mère est là aussi. Elle a terminé le travail de la maison. Je la vois courbant le dos
sous le soleil. Il y a à peine quelques minutes qu'elle
a commencé et déjà elle se redresse pour porter la
main à son ventre. Sa hernie lui fait mal. Elle grimace. Toute sa vie elle souffrira de cette hernie, refusant l'opération dont le prix l'effraie. Il faut manger.
Il faut que je mange. Elle ne veut pas abandonner la
maison, laisser les hommes seuls. Alors, tous les vingt
coups de pioche, elle rentre sa hernie. Combien de
fois l'ai-je vue le soir, rafistoler ce bandage qu'elle
avait confectionné elle-même avec un vieux corset. Ses
doigts de terrassier maniant l'aiguille, encore une
image que je ne suis pas près d'oublier !

Sa grimace de douleur ne sera jamais un fronce-
ment de reproche. Ses soupirs de fatigue n'iront jamais jusqu'au juron. Aucun orgueil, de la dignité.

Moi aussi, ces bruits de pioches m'incommodent. J'ai peut-être d'autres raisons que mes camarades, je rougirais de l'avouer.

« Si on allait de l'autre côté du hangar ?

— T'as raison, on sera plus tranquille. Tout à l'heure, tes vieux sont capables de nous embaucher. »

Si seulement mon père avait eu une fois, une seule fois, le courage de ramasser une trique et de me rouer de coups pour me faire empoigner sa pioche ! Je ne lui reproche rien (il ne manquerait plus que ça !), je constate. Ils ne seraient peut-être pas où ils sont tous les deux.

De l'autre côté du hangar, le chat de la voisine se chauffe au soleil. Il a droit au repos, lui, après sa nuit de chasse.

C'est une bête assez sauvage. Il n'y a guère que sa maîtresse et moi qui puissions l'approcher. Je n'ai jamais su au juste pourquoi ce chat m'aimait tant. Pauvre bête ! Il en est mort !

Je ne suis pas seul et le chat reste prudemment à distance. Il s'est assis et nous observe, les yeux mi-clos. Roger le soupèse du regard.

« Y doit bien faire ses trois kilos, le matou de la mère Tavinge. »

Marcel approuve :

« Oui, une sacrée bête. Tu parles d'un civet. »

Roger se soulève sur les coudes :

« J'ai une idée, les gars : si on peut bicher cette bestiole, on va aux écrevisses cette nuit. Il paraît que c'est la viande de chat qu'elles aiment le mieux.

— Peut-être, dis-je, mais vous ne risquez pas de l'attraper; à part la mère Tavinge et moi, personne ne peut le toucher.

— Et alors, qu'est-ce que tu veux de mieux ? Prends-le et on lui fait son affaire. »

Il ne vous a pas fallu plus de cinq minutes pour me convaincre. Ma peur de passer à vos yeux pour ce que nous appelions « un dégonflé, un qui n'en a pas », a eu raison très facilement de mon amour des bêtes. Il me semble sentir encore contre ma poitrine la tiédeur de ce petit corps vibrant de ronronnements sous mes caresses.

Nous sommes entrés dans le hangar. Je demande à Roger :

« Comment vas-tu le tuer ? Il va nous griffer ?

— Non, mets-le dans un sac, on l'assommera. »

Cette idée me soulage un peu. Au moins je ne le verrai plus. Je prends un sac à pommes de terre. Le chat est au fond qui se débat. Il ne crie pas. Je tiens le sac à bout de bras pour éviter les griffes. Roger a saisi un piquet de vigne. Il tape. Son premier coup porte mal. Le bruit est mou, il a dû toucher le ventre. Le chat ne crie toujours pas. Je voudrais lâcher le sac. Libérer cette bête. Marcel devine ma pensée.

« Lâche pas le sac surtout, dit-il. Il nous sauterait à la figure. »

Quatre fois le rondin d'acacia s'abat encore. Le chat remue de plus belle. Au quatrième choc, il pousse un miaulement enroué. Un cri presque humain. Roger triomphe :

« Il en tient ! »

La sueur coule sur mon corps. Le sac danse au bout de mes bras qui tremblent.

Marcel intervient :

« Vous ne l'aurez jamais comme ça. Faut attacher le sac et le poser par terre, ça portera mieux. Si on le fait gueuler, il va ameuter tout le village... Moi, je vais faire le guet à la porte. Si quelqu'un vient, je siffle. »

Tu aimais les bêtes aussi, Marcel. Le guet n'était

qu'un prétexte. Tu as eu le courage de ne pas prendre part à cette boucherie.

J'ai dû passer le sac à Roger, qui le tient pendant que je vais chercher une ficelle. Je fais trois tours, un bon nœud. Roger doit voir que mes mains tremblent. Il ne faut pas qu'il se figure que j'ai peur. Je saisis le piquet. C'est moi qui taperai.

« Lâche tout ! »

Le sac est tombé.

Un seul coup a suffi. Le tissu se teinte de rouge. La tête a éclaté comme une tomate trop mûre qu'on jette aux poules.

Il a fallu que je mette mes mains dans ce sang pour sortir le cadavre du sac.

C'est inouï ce qu'il peut y avoir de sang dans un si petit corps.

Le sang est chaud, très liquide, il coule bien au début. A la fin, quand il commence à se coaguler, il poisse un peu, il devient pâteux. La consistance de la peinture sortant du tube. Et la couleur aussi. Rouge de cadmium d'abord, puis carmin avec de la terre de Sienne foncée, et enfin noir. Un noir avec des reflets de ciel, de vie.

Car le soleil de ce jour-là entrait jusque dans le hangar avec le vent et l'odeur du foin mûr. Un soleil qui purifie tout, c'est probable, car j'ai eu vite fait d'oublier cette saleté. Je l'ai oubliée pour mieux la retrouver maintenant, plus cuisante, plus dure, comme un coup longtemps retenu.

II

Oui, Françoise, ainsi j'ai tué pour la première fois. Je te vois faire la moue et m'absoudre d'un regard.

« C'est navrant, évidemment, mais un chat, est-ce que ça compte ? Doit-on attacher tant d'importance à une action irréfléchie de gamin ? Tous les enfants n'ont-ils pas torturé des animaux ? Je te connais. Tu ne ferais pas de mal à une mouche. Tu crèverais de faim à côté d'un lapin plutôt que de le tuer. »

C'est vrai. Je sais. N'est-ce pas essentiel d'ailleurs pour un poète, l'amour des bêtes ? Le chat a payé pour les autres ! Dans mon acte de ce jour-là, il y avait une réalité dont j'ai toujours eu peur par la suite. La peur du sang répandu. Chaud et gluant sur les mains. La peur de la vérité que rien ne peut déguiser. La peur de l'apparence, de l'aspect extérieur du crime. Mais, de cette scène, je devais conserver la conviction que le crime ne peut s'accomplir sans brutalité, sans effusion de sang.

Le chat, c'était un coup manqué. Trop de rouge, trop de cris, trop de traces ineffaçables. Un crime d'apprenti. Sans m'en rendre compte, j'allais faire mieux, du travail soigné, fignolé. De la belle ouvrage d'artisan méticuleux ! J'allais atteindre à la quasi-perfection. Réaliser le crime parfait n'est pas faire disparaître toutes les traces car l'assassin lui-même finit par se trahir. Il faut pousser la victime au suicide. Le faire avant tant d'adresse que ce suicide présente toutes les apparences d'une mort naturelle et que l'assassin lui-même en soit persuadé. J'ai presque réussi puisque j'ai été convaincu pendant dix ans que mes parents étaient morts de leur bonne mort.

Et ce n'est pas autrement surprenant : pour ne pas voir, il suffit de fermer les yeux.

Et de les garder fermés... toujours.

Mais je viens d'ouvrir les miens. Je pourrai les fermer désormais, l'image est entrée, elle ne me quittera plus.

Car je sais qu'après le chat, plus lentement, sans effusion de sang, sans cri, mais tout aussi sûrement je devais tuer mes Vieux.

Pourtant, avant leur mort, il fallait notre rencontre, Françoise. C'était indispensable. Dans l'ordre naturel des choses. Il fallait qu'elle eût lieu avant leur départ afin que tu puisses assister à leur agonie. En comprendre le sens. Alors tu pourrais prendre la relève en toute connaissance de cause.

Quand nous nous rencontrâmes, tu n'étais plus une gamine. Tu n'étais pas ignorante. Fille de paysans pauvres, enfant d'une mère malade et d'un père qui buvait, tu avais appris toute gosse le goût de la souffrance. Ton père t'avait fait pénétrer dans le corps, à grands coups de ses poings de brute, la saveur âcre de l'existence. Au moment où, ta mère morte, tu allais pouvoir te libérer, il a fallu que je sois là.

Quelle force irrésistible a bien pu te pousser vers moi pour que tu acceptes ?

Quand je t'ai connue, le calvaire de mes Vieux était

commencé. Je le répète : pour eux, la vie c'était moi
et la terre. J'étais la raison, le but; la terre était la
Vie. Elle m'a fait croire longtemps que mon père ne
m'aimait pas. Les apparences étaient contre lui. Au
moins à partir du moment où j'ai commencé à réfléchir, où j'ai cru être en âge de comprendre. Car, durant mon enfance, il s'était beaucoup occupé de moi.

Mais, quand j'ai cru être un homme, s'est déve-
loppé en moi ce désir d'évasion qui devait bientôt me
faire mépriser la vie simple des miens. Mon père le
comprit très vite. Il sentait que j'étais différent d'eux
tous. Différent des hommes de sa trempe : les vrais
hommes. Ce dut être pour lui un terrible déchire-
ment. Il n'en laissa rien paraître et se contenta de
s'accrocher plus fermement à sa terre. Il savait
qu'Elle, au moins, ne le trahirait pas.

Il n'avait plus qu'Elle à qui se donner pleinement.
Il devait le faire jusqu'au bout.

Et c'est ce détachement, si cruel pour lui, que j'ai
pris pour de l'indifférence, pour un abandon coupable, puis, bientôt, pour de la haine.

Maintenant, mon père, je sais que je ne trouverai
jamais de mots assez grands et assez simples à la fois
pour te demander pardon.

Il faut savoir combien un paysan de soixante-dix
ans tient à sa terre.

La terre, c'est toute une vie de luttes, de sacrifices,
de privations. C'est un immense travail sans relâche,
sans un instant de repos. C'est le tour d'horizon du
sommet de la colline, le soir, quand le vent de nuit
colle au dos brûlé la fraîcheur d'une chemise trempée. Là, avant le retour, on regarde Sa terre. Ses terres disséminées aux quatre coins du pays; la bande
verte du blé, la luzerne plus sombre, l'ocre des la-
bours récents, les rangs de ceps impeccablement ali-

gnés. On repense au lopin de rien que vous avaient laissé les Vieux et que l'on a agrandi en gagnant pied à pied sur la friche, sur le bois. Chez nous, les paysans disent : « Faire de la terre. » Nulle expression n'est plus juste, plus significative. La terre est faite de l'homme. Engraissée de sa sueur; quelquefois de son sang.

A mes yeux de dix-sept ans, le métier de paysan semblait un travail de brute, d'illettré. A mes yeux faussés par trop de lectures mal interprétées, une seule chose comptait : sortir de mon trou. M'évader de l'exiguïté de cette vie dont j'ignorais l'ampleur. Pour réaliser cette « évasion », tous les moyens me paraissaient bons : peindre, jouer la comédie, écrire...

Ah ! oui, écrire !

Bel idéal, bien sûr... Mais les Vieux, alors ?

A dix-sept ans, on ne peut pas avoir de talent. Je sais. Mais je n'avais même pas le b-a-ba élémentaire, nécessaire au départ. J'avais seulement le désir, la volonté de l'acquérir. Et ce désir me tenait si fort que j'étais décidé à tout lui sacrifier. Tout, y compris le bonheur de mes parents. S'ils m'avaient offert de vendre la ferme et les terres pour m'aider, leur geste m'eût semblé naturel.

Je me demande si l'idée me serait venue de les remercier.

Je ne me souviens pas d'avoir souhaité leur mort. Mais il m'arrivait souvent d'évaluer leur modeste avoir, de l'utiliser en pensée, de faire des projets dont ils étaient absents.

Mon père devait le sentir avec son instinct de bête de somme. Ma mère aussi, peut-être. Mais elle m'aimait trop pour m'interdire de tenter ma chance. Chez elle, la mère imposait silence à la paysanne.

La chance ! Cette chance sur laquelle je comptais davantage que sur mon travail !

Plutôt que de me laisser libre de la tenter seul, ma pauvre vieille paysanne de mère avait décidé de m'aider. Elle sut toujours y mettre le meilleur de ses forces, le plus profond de sa tendresse.

Aux timides objections de mon père, qui désirait avant tout travailler en paix et assurer mon avenir, elle opposait une volonté tenace. Son amour farouche lui soufflait les mots qu'il fallait dire. Il la raidissait dans son attitude.

Alors ces vieux lutteurs qui, pendant un demi-siècle attelés au même harnais, avaient toujours uni leurs efforts et mêlé leur sueur, se sont dressés face à face. Petit voyou de dix-sept ans, j'ai réussi ce tour de force : opposer deux êtres faits pour tout partager et qui se sont mis à s'entre-déchirer parce qu'ils m'aimaient. Ils n'étaient plus d'accord que lorsqu'ils creusaient ensemble le sillon où germerait le grain dont je vivais.

Je me souviens de leurs querelles. Je les provoquais sournoisement. En me posant en martyr, en génie que l'on veut étouffer dans l'œuf, j'entretenais leur animosité afin qu'il suffît d'un mot pour attiser le brasier. Je le sentais couver, ardent, sous la cendre légère, prêt à crépiter. J'excitais ma mère :

« Tu vois bien qu'il veut m'empêcher de me réaliser. On dirait qu'il est jaloux de mon intelligence, que ça le gêne d'avoir un fils qui en sache plus que lui. La *Chanson des blés d'or* et la *Complainte des mains noires*, c'est tout ce qu'il a dans le crâne. Il nous rebat les oreilles avec ses raisonnements d'analphabète ! »

Je l'insultais adroitement, cherchant à le diminuer, à le salir sans jamais dépasser les limites où je craignais que ne s'arrêtât la patience de ma mère. Elle

essayait de me calmer. Mollement. Sans espoir d'y
parvenir. Elle n'était habile à trouver les mots que
pour me défendre. Son amour l'inspirait.

Elle le savait.

S'il suffisait d'être entêté dans la vie, je ferais une
sacrée carrière !

Ma mère disait :

« Allons, mon grand, calme-toi. Il dit ça, mais tu
sais bien qu'il n'en pense pas un mot. Il aime sa
terre, que veux-tu, elle lui a tant coûté...

— Bien sûr, il aime sa terre mieux que nous, va !
S'il avait à choisir il n'hésiterait pas. Et tu lui donnes
raison, encore ? Alors, moi, je n'ai plus qu'à foutre le
camp ! Me démerder pour crever tout seul !

« Foutez-moi dehors, comme on fait des chiens
quand ils ne sont plus bons à garder le troupeau et
qu'on veut économiser une cartouche. Mais, moi, je
ne ferai pas comme les chiens. Tu peux être sûre. Je
ne reviendrai pas gratter à la porte. Dis un mot, un
seul et je fous le camp ! »

C'était l'argument décisif. J'en avais l'expérience.
J'en usais chaque fois que c'était nécessaire. J'avais
compris de bonne heure que pour ma mère la peur
de me voir partir était insupportable. C'était sa hantise. Bien souvent, après des séances de ce genre, je
l'ai entendue se lever la nuit et venir, sur la pointe de
ses pieds nus, s'assurer que j'étais dans mon lit. L'ap-
préhension de mon départ la tenaillait si fort qu'elle
en perdait le sommeil, malgré sa fatigue des journées
dans « les terres ».

Ce qu'elle a dû souffrir !

Ça ne devrait pas être permis !

Il y a des lois pour protéger les enfants martyrs. Et
les parents, alors ? Qu'est-ce qu'on attend ? Je ne plai-
sante pas, non ! Je n'en ai pas envie.

Il eût pourtant suffi qu'elle tînt bon une seule fois. J'étais bien trop paresseux pour m'en aller. J'avais la panse trop solidement chevillée à une table où jamais rien ne manquait pour moi.

Si tu m'avais chassé, ma mère, je me serais couché à tes pieds. J'aurais rampé pour implorer ton pardon. Mon appétit dépassait de beaucoup mon courage et mon envie imbécile de ce que je croyais être la liberté.

La liberté de crever de faim. De ne plus être nourri gratuitement. J'ai appris, depuis, ce qu'elle est, cette fameuse liberté. Je l'ai appris derrière des grilles. Quarante heures par semaine à regarder trois mètres carrés d'un ciel toujours plus ou moins barbouillé de fumée. Ah ! le ciel de chez nous, de chez vous, mes Vieux. Le ciel limpide, d'un seul pan jusqu'à l'horizon des collines vaporeuses...

Combien l'ai-je regrettée, cette liberté que vous m'offriez. Que vous m'aviez préparée au prix de vos deux vies de travail.

Avant d'être enfermé dans un bureau, j'ai travaillé la terre. Pas la mienne, pas la vôtre que j'avais vendue ignominieusement. Celle des autres. Pas longtemps non plus (je ne sais rien faire longtemps, sauf peindre et écrire). Mais assez pour apprendre ce que c'est. C'est peut-être le métier le plus dur, le plus ingrat, mais certainement le plus beau. Le plus digne. Le moins avilissant. Malheureusement, je n'ai plus la terre que vous m'aviez « faite ». Et je n'ai pas encore trouvé en moi le courage, la foi qu'il faut pour en faire une autre.

Toi, Françoise, pour avoir usé tes mains d'enfant sur le manche de la fourche, pour avoir baigné tes pieds nus dans le sang tiède des grappes de l'au-

tomne, tu sais le prix de la terre. Quand nous nous
sommes connus, tu l'aimais déjà.

Je revois nos premières rencontres. Leur odeur
m'est restée dans le fond de la gorge. Une odeur à
laquelle se mêle maintenant le goût amer du regret,
car elle est l'odeur de ce que tu avais de plus cher, et
tu l'as quitté pour me suivre. L'odeur de la terre. Le
parfum des feux de feuilles mortes unissant leurs che-
velures grises aux écheveaux bleutés de l'automne.

J'appelais ça les cheveux gris de l'été. Tu souriais.
Tu me disais que c'était beau. Je n'avais pas pour
moi cette force saine dont les paysans se servent pour
séduire les filles de nos villages. Je tâtai de la poésie.
Ça a pris.

Je me mettais en frais, car tu étais belle et j'avais
envie de toi. Je ne t'aimais pas encore. Tu étais pour
moi un sourire, un corps frais de plante robuste levée
au grand soleil. La vie rustique t'avait développée ma-
gnifiquement, comme la graine bien enracinée au milieu de la friche met toute sa vigueur à pousser, plus
haut que la ronce, sa fleur qui s'épanouira dans la pureté de l'air.

Au contraire, j'étais le cep stérile, venu on ne sait
comment au milieu de la vigne dont tous les bois
donnent. On n'arrache pas un cep, cela ferait un trou
dans la « ranchée ». On espère toujours qu'à force
d'engrais et de bonne taille, il finira par se faire. Par
se plier à la loi commune. Mais, s'il est vraiment mauvais, il pousse tout en sarment et en feuilles. On finit
par l'oublier. Les autres paient pour lui. Et comme il
ne s'épuise pas en fruit, il est souvent le plus beau.

Il faut croire que j'étais ainsi et toi trop jeune
pour penser à la récolte.

A défaut d'autre chose, la lecture des poètes
m'avait enseigné la parole. De quoi t'en mettre plein

les oreilles et la vue avec des phrases ronflantes. Je t'écrivais des pages d'alexandrins qui t'éblouissaient. Mais, avant de s'en aller, ta mère qui sentait venir sa fin avait pris soin de te mettre en garde contre les hommes et il fallut te promettre le mariage pour que tu finisses par céder à mes instances. Je n'aurais pas tenu, certainement. La parole donnée... je n'y regardais pas de si près. J'ai été dépassé par les événements, c'est tout.

Nos deux villages n'étaient distants que de quelques kilomètres et ma mère apprit bien vite que je fréquentais Françoise. Espérant que notre mariage m'assagirait, me retiendrait au pays, et refusant de me voir aussi mauvais que j'étais, elle ne fit rien pour nous séparer. Avec cette facilité instinctive que seuls les paysans possèdent pour reconnaître les gens de leur race, elle devina tout de suite chez Françoise une fille de la terre. Une vraie. Et puis, c'était une mère avant tout. Françoise demeurait seule avec son père qui achevait de boire sa ferme et le peu de bien qui lui restait : elle l'adopta.

Elles m'aimaient toutes deux. Il était logique, inévitable que leur amour pour moi les rapprochât. Elles avaient la certitude qu'en unissant leurs volontés, elles parviendraient à me retenir. A m'arrêter sur la pente.

Mon père ne croyait plus, lui. Il se contentait de hausser ses épaules appesanties de fatigue et de retourner à sa charrue.

Moi, j'écrivais, je peignais, je buvais aussi... Pour forcer l'inspiration. Pour me donner un air artiste !

Quand mon père s'aperçut pour la première fois que je sentais le vin, j'ai cru qu'il allait me frapper.

Je peux dire que je l'ai souhaité, car, par exception, ma mère semblait prête à lui donner raison. Mais, si je la sentais disposée à approuver ses reproches, je savais qu'elle n'eût pas supporté qu'il levât la main sur moi. S'il l'avait fait, elle se serait mise à le haïr.

Mon père me regarda longuement. Ses traits s'étaient contractés. Les muscles de ses joues vibraient sous la peau basanée. Peu à peu ses lèvres se détendirent. Dans ses yeux apparemment fixes, la colère s'estompait et seule subsistait une lueur indéfinissable de déception et de mépris. Presque de dégoût.

On ne frappe pas ce qui vous dégoûte. On crache dessus, ou, plus simplement, on tourne le dos.

C'est ce qu'il fit. Dignement.

Quelques jours auparavant, il y avait eu entre mes parents une scène pénible.

C'était l'époque des regains. L'été flambait. Du sol desséché montaient des bouffées d'air suffocant. A l'ouest, l'avant-garde des nuages piquait de fleurs éclatantes l'émail indigo du ciel. Avant la fin de la soirée l'orage pouvait être là, il fallait se hâter d'engranger la récolte.

J'étais dans ma chambre. Volets mi-clos, il faisait bon.

En bas, dans la cuisine, ma mère mettait à cuire pour les bêtes. Mon père entra.

« Il est là-haut ? demanda-t-il.

— Oui. Pourquoi ?

— J'ai besoin d'un coup de main pour monter le foin. »

Ma mère eut un instant d'hésitation avant de répondre :

« Tu sais bien qu'il ne faut pas le déranger quand il travaille. »

Mon père devait être fort las. A bout de patience. Je l'entendis élever la voix :

« C'est pas le diable quand même, ce que je demande. Une petite heure de travail.

— Attends, je vais appeler le père Aubin.

— Pas la peine, depuis deux jours il est chez les Piranne, à temps complet. Tu trouveras pas un homme de libre. Tout le monde a son ouvrage... Et puis j'ai honte, moi, d'aller chercher du monde quand on sait que j'ai un grand fainéant à la maison.

— Albert !

— Quoi ? Je vais tout de même pas laisser mouiller mon foin parce que Monsieur passe son temps à barbouiller des conneries !

— Albert, je te défends...

— Ça, c'est trop fort. Hier soir, il travaillait. Ce matin, il roupillait après avoir passé sa nuit à bouquiner, probablement. Cet après-midi, il travaille encore. Et moi alors, qu'est-ce que je fais ? Je me repose, peut-être ?

— Ne crie pas. Je t'en supplie, ne crie pas... Je vais aller t'aider à décharger la voiture.

— Manquerait plus que ça, avec ta hernie ! »

Et je l'entendis que se dirigeait vers l'escalier de ma chambre en criant :

« On va bien voir. Tout de même, si une fois, une seule fois, il ne pourra pas me donner un coup de main ! »

Ma mère le retint. Elle se fit suppliante.

« Non, Albert. Ne monte pas. J'irai lui dire. Tu sais bien que tu n'obtiendras rien en criant.

— Alors, va tout de suite.

— Tu ne comprendras donc jamais que ce gosse a peut-être un avenir magnifique devant lui. On ne peut pas savoir... Il faut le laisser faire. »

Il devait y avoir dans ses yeux une telle expression de tendresse, tant de douceur, que mon père se calma. Sans crier, il reprit :

« Ce que je comprends, en tout cas, c'est que, pour le moment, il faut bouffer. Si à soixante-huit ans passés je dois me crever pour nourrir un gamin qui est dix fois plus costaud que moi... Et tu le soutiens encore ! Je t'ai déjà dit et redit qu'il te crachera à la figure un jour. »

Un long soupir souleva les épaules décharnées de ma mère. Elle était au bord de la crise de nerfs. Depuis des années que duraient cette espèce de guerre froide, ce silence hostile entre mon père et moi...

Au creux des rides, deux larmes roulèrent sur ses joues terreuses.

Elle se laissa tomber sur une chaise.

Désespéré, mon père était sorti avec un geste d'impuissance. Seule dans la pénombre de la cuisine, elle pleurait. Il fallait ça pour la soulager.

En haut, dans ma chambre où entrait à peine le souffle étouffant de l'été, debout derrière les volets, je regardais ce vieux paysan traverser la cour en direction de la grange. J'avais entendu leur discussion sans en comprendre tous les mots, mais je savais qu'il s'agissait de cette voiture de regain.

« La Vieille l'a possédé encore un coup », pensai-je.

Ce que je n'avais pu entendre, ma mère, c'était tes larmes. Ça ne fait pas de bruit, un chagrin de vieille femme. Ça coule sans heurt, comme ça, tout seul. Un petit travail sournois s'accomplit pendant des jours et des jours; sans qu'on s'en rende compte. Et puis ça crève, d'un coup, en silence, comme un orage d'automne, parce qu'il n'y a plus assez de ressort.

Je ne savais pas, bien sûr. Et encore ?... Un soir déjà, après t'avoir fait pleurer, n'avais-je pas eu la cruauté de claquer la porte ? De te laisser seule en disant :

« Les femmes sont toutes les mêmes, elles pleurent pour un rien... Au fond, c'est mieux ainsi; ça les soulage ! »

Les larmes soulagent, c'est certain. Après, on se sent mieux. Mais le chagrin use aussi. Il ronge le corps comme l'artison ronge le bois. Seule l'écorce demeure intacte. En dessous, tout le solide s'effrite. On ne voit rien, jusqu'à la chute. Et toi, Maman, ton cancer était ainsi : un long, un interminable chagrin. Un chagrin né d'un amour trop violent. D'une joie indicible d'amour qui s'était peu à peu transformée en amour, tout simplement. En amour indéracinable. En amour qui ne donnait plus jamais de joie.

Il te fallait surmonter ta fatigue, lutter sans cesse pour que ces deux êtres du même sang n'en vinssent pas à se battre.

Au fond d'elle-même, elle ne devait certes pas me donner raison. Elle devait bien sentir qu'il était normal que mon père fût révolté par mon attitude. Mais j'étais son enfant. Il y a ainsi des questions que l'on ne discute pas, que l'on ne se pose même pas.

« Il te crachera à la figure un jour !

— Eh bien, oui. Peut-être. Et après ? Un enfant reste toujours un enfant. »

Et si c'était vrai ? Si le petit avait réellement du génie ? Non, ils n'avaient pas le droit, eux, les Vieux, au bord de la tombe, ils n'avaient pas le droit de douter. Il fallait lui laisser toute sa chance. Ne pas lui ravir un atome de cette chance, en lui prenant une minute de son temps.

Bien sûr, elle ne comprenait rien à sa peinture.
Mais qu'était-elle donc pour avoir le droit de juger ?
Les autres, non plus, ne comprenaient pas. Et
qu'est-ce que ça prouvait de plus ? Rien. Rien du
tout.

J'étais arrivé à le lui faire admettre.

Durant nos soirées d'hiver, une fois le père couché,
j'avais fait lire à ma mère quelques bouquins savamment choisis. (Je pourrais dire cruellement.) Des bio-
graphies de peintres, de poètes. Depuis, elle se demandait pour quelle raison je ne finirais pas un jour par
être compris. Elle était arrivée à se persuader que la
chance me sourirait tôt ou tard. Quand son petit serait sur la bonne voie, en route vers la gloire, la vie
comblée, la fortune, elle pourrait s'en aller tranquille;
se laisser glisser en dehors de la vie; le petit n'aurait
plus besoin d'elle.

Cette pensée la réconfortait, lui donnait la force de
refouler sa peine.

A pas feutrés, pour ne pas trop me déranger, elle
montait l'escalier. Elle avait besoin de me voir.

C'est ainsi qu'elle fit ce jour-là. Elle avait peut-être
déjà oublié qu'elle devait monter pour me demander de rejoindre mon père. Avec mille précautions,
elle poussa la porte de ma chambre. J'étais étendu sur mon lit. Un livre ouvert à côté de moi, je fu-
mais.

Le craquement sec d'une lame de plancher me tira
de mon rêve. Je sursautai et me tournai vers elle en
criant :

« Qu'est-ce qu'il y a encore ? On ne me foutra jamais la paix, non ? »

Elle avait baissé la tête comme une coupable. Assis
sur le bord de mon lit, je la dévisageais.

« Ma parole, mais tu m'espionnes, maintenant ! Je

ne t'ai pas entendue ouvrir la porte... C'est pour le compte du père que tu fais ce joli travail ?

— Mon petit. Tu ne vas pas croire une chose pareille, dis ? »

Je vis qu'elle avait les yeux rouges et les paupières gonflées, j'eus un instant envie de l'embrasser. Mais ce geste-là je l'avais désappris. Pour moi, tendresse était devenu synonyme de faiblesse.

Je me calmai seulement un peu pour lui rappeler qu'il me fallait la paix pour travailler.

« Mais, mon petit, je ne voulais pas te déranger. Je voulais simplement voir ce que tu as fait. Tu sais bien que j'aime voir. »

Elle tourna la tête en direction du chevalet. Une toile était là depuis le matin, toujours vierge. Ma mère me regarda de nouveau. Il y avait dans ses yeux une toute petite lueur de reproche. Oh ! si peu ! Et avec tellement de tendresse autour !

« Eh bien, oui, quoi, je n'ai rien fait. Et alors ? Tu ne vas pas me demander de peindre aux pièces maintenant, non ? Tu crois peut-être qu'on fait de la peinture comme on arrache des patates. Toute la journée. Sans s'arrêter pour méditer !

— Mon grand, je ne te reproche rien... Tu ne veux pas que je vienne te voir de temps en temps ? »

Tout en parlant, elle s'était approchée de moi. Elle s'interrompit un instant, respira à petits coups, puis, presque timidement :

« Mais... Mais ça sent le vin ici... Il ne faudrait pas trop boire, tu sais. C'est très mauvais, très mauvais. »

J'avais opté pour la colère. C'était préférable et mieux en accord avec mon tempérament. Je savais ce que je faisais : ma mère avait toujours eu peur de mes colères.

« Oui, j'ai bu. Et après ? Tu ne vas peut-être pas me reprocher de boire un verre avec la chaleur qu'il fait ! On dirait bien que tu le paies, ce vin. »

Non, elle ne le payait pas. Pas avec son argent du moins. Simplement avec sa sueur et la sueur du père. Et ça, je le savais. Mais je savais aussi qu'elle ne le dirait pas. Il y a des reproches que l'on ne peut pas faire aux êtres que l'on aime. L'idée ne vous en vient pas. Ou alors, on la repousse bien vite par crainte de faire du mal.

On croit toujours à la sensibilité de ceux que l'on aime.

« Mon pauvre grand, comme si j'avais l'habitude de te mesurer ce que tu bois ou ce que tu manges... As-tu encore des cigarettes, au moins ? »

Elle était désarmante. J'eusse préféré des reproches. J'avais envie de crier. De gueuler.

Oui, j'avais bu une bouteille de vin ! Fumé un paquet de cigarettes et ça ne venait pas ! La toile restait blanche ! Mais après tout, est-ce que le « génie » se manifeste à longueur de journée ? On ne peut pas pondre des chefs-d'œuvre à la chaîne !

« Est-ce que Verlaine ne buvait pas, lui ? Et plus que moi encore ! Et c'est certainement grâce à l'alcool qu'il a écrit de si belles choses. Mais tu n'y pigeras jamais rien. Rien ! »

Je lançais ainsi des phrases idiotes, sans réfléchir. Je sentais pourtant le mal qu'elles pouvaient faire à ma mère. C'était ce qu'elle redoutait le plus : l'alcoolisme, les vices de toute nature. C'était ce qu'elle avait le mieux retenu des lectures que je lui avais conseillées. Elle m'avait demandé un jour de lui expliquer une phrase de Rimbaud : « Dérèglement méthodique de tous les sens. » Elle ne comprenait pas. Ou plutôt, elle avait peur de comprendre.

J'avais ri. Une paysanne de soixante ans qui veut comprendre Rimbaud... Non, c'était trop marrant !

Fier de mon savoir d'homme, je lui avais tout expliqué froidement. Avec une espèce de plaisir sadique engendré par son effroi. En en rajoutant même. J'avais donné des tas de détails avant de conclure :

« On doit tout admettre de la part des gens qui ont du génie. Tout, y compris ce qui peut paraître le plus dégueulasse. »

Ce jour où elle s'est aperçue que je buvais, comme le père et sa charretée de foin devaient être loin de sa pensée ! Elle me regardait. Elle me dévorait du regard. Ses lèvres se tendaient pour m'embrasser.

C'était devenu si rare.

Je n'ai pas fait le pas en avant qu'elle attendait; que tout son être espérait.

Debout à un demi-mètre de moi, elle est restée immobile, quelques instants encore, silencieuse dans la tiédeur lourde du vent qui apportait jusqu'entre nous des senteurs d'herbes coupées. Puis elle s'en est allée lentement, la tête basse, comme un vieux chien souvent battu dont le poil sans beauté n'espère plus la caresse. Elle est sortie sans bruit, en promettant de ne plus me déranger.

Et toi, Françoise, toi dont la vie était déjà soudée à la détresse de ma mère, comme si tu avais deviné la nécessité de ta présence, tu es arrivée quelques instants après. Tu as dû demander à ma mère la raison de ses yeux mouillés. J'avais fermé ma porte; vous parliez à mi-voix et dans le murmure confus qui montait jusqu'à moi je n'ai pu distinguer vos paroles.

Une minute ne s'était pas écoulée que déjà tu sortais pour courir vers la grange. De ma fenêtre, je t'ai vue te démener dans le soleil, une fourche à la main,

toute menue sur cette énorme charretée d'herbe sè-
che.

Déjà c'était la relève; librement et joyeusement ac-
ceptée par tes dix-huit ans courageux et tout pleins
de cette confiance sans bornes que seul l'amour peut
dispenser.

III

En quittant mon village, j'avais cinq mille francs en poche. Cinq billets de mille économisés en cachette par ma mère.

Dire que je partais le cœur léger, non, certes pas. J'étais le peintre, le poète incompris, méconnu par les siens et qui s'en va ailleurs chercher la possibilité de « travailler » en paix. L'imagination aidant, je devais être bientôt, aux yeux de mes « confrères », l'artiste méprisé, opprimé par ses parents et qui s'est trouvé dans l'obligation de les fuir. Puis, un peu plus tard, celui qui a été jeté dehors par son père pour la seule raison que « le Vieux n'aimait pas la peinture ». Je n'ai jamais éprouvé aucun plaisir à mentir, mais il s'agissait, en l'occurrence, d'un mensonge utile. Il me posait. Il auréolait mon départ d'un prestige que j'allais exploiter habilement pour m'ériger en héros de l'art.

« Un type gonflé; il n'a pas hésité à dire merde au pognon de ses Vieux par sincérité. »

La fidélité à la muse. Voilà qui allait en boucher un coin aux rapins de mon acabit !

La vérité était moins reluisante.

Au cours de l'été, et à l'occasion d'une « bordée » à Lons-le-Saunier, où j'allais souvent boire avec des copains le vin volé à mon père, j'avais rencontré un peintre. Un « vrai ». Un qui exposait et vendait sa peinture. Exposer et vendre, le rêve de ma vie... Une cuite à rouler sous les tables avait fait de nous une paire d'amis. Après avoir vu ma peinture, il m'avait conseillé d'aller à Lyon, m'offrant de m'héberger dans son atelier en attendant qu'une première exposition me procurât les moyens d'en louer un. Jusque-là, seuls le toit et la table m'avaient retenu au village; on m'en offrait autant à Lyon, je n'avais plus aucune raison de rester.

Malgré tout, j'étais prévoyant. En expliquant à ma mère dans quelles conditions j'émigrais, je redoutais qu'elle me crût à l'abri de la faim. Peu soucieux de ménager ses alarmes, je préférais conserver la possibilité de la « taper », le cas échéant. En outre, cette légende, dont je devais me nimber par la suite, je souhaitais alors qu'elle fût fondée tout au moins en ce qui concernait mon père.

Un matin, je m'arrangeai pour amener mon nouvel ami au village. Son allure débraillée, son accoutrement bizarre, ses cheveux longs et son chapeau à large bord lui valurent un joli succès qui, d'emblée, me fit bien augurer du résultat de l'expédition. De plus, comme il était grand amateur de vin jaune, nous passâmes ensemble la journée au café. Le soir, avant de le raccompagner à la gare, je proposai la visite du village, en touristes, en peintres, histoire de voir les toiles à tirer de ces antiques maisons de vignerons.

Ce fut du propre.

Mon père savait déjà que je buvais, mais il ne m'avait jamais vu dans un pareil état. D'un bout à l'autre du pays, d'un bord à l'autre de la rue, nous allions, bras dessus bras dessous, hurlant des cochonneries aux femmes qui rentraient de la fruitière ou ramenaient les bêtes à l'écurie. J'avais bien choisi mon heure ! Le public ne manquait pas !

Après cette édifiante pantomime, qui n'amusa guère que les gamins — les autres sachant dans quelles conditions vivaient mes parents — je trouvai ma mère seule à la cuisine. Elle ne leva pas la tête. J'étais trop soûl pour qu'elle tentât de me parler. Prenant mon élan, je traversai la pièce d'une traite et montai me coucher.

Le lendemain matin, la bouche pâteuse, j'étais en train de boire un bol de café quand ma mère entra. J'avais tellement souhaité la colère de mon père, tellement espéré qu'il attendrait mon réveil avant de partir aux champs, que je fus déçu en la voyant seule. Les choses ne tournaient pas selon mes vœux.

Ma mère apportait un chaudron de pâtée. Elle tisonna le feu et plaça le chaudron sur la cuisinière. Mon déjeuner terminé, feignant d'ignorer sa présence, je me dirigeai vers la fenêtre. Je sentais qu'elle me regardait. Elle attendait. Elle avait envie de parler. Elle devait chercher ses mots.

Accroché au mur à côté de la fenêtre, il y avait un petit miroir dont nous nous servions, mon père et moi, pour nous raser. Je l'ai encore, ce miroir. Il fait partie du peu de mobilier que j'ai daigné conserver après la mort de mes Vieux. Un miroir ovale, encadré de bois grossièrement sculpté au couteau par un copain de régiment de mon père. En ce temps-là, je rigolais en le voyant, moi, l'artiste, une sculpture aussi naïve... Si je le regardais, si je l'avais en face de moi ce soir, il ne me renverrait qu'une sale gueule de raté. Une face d'homme usé avant l'âge sans jamais avoir rien fait.

Ce matin-là, il me servait de rétroviseur. J'observais ma mère. Elle avait fait quelques pas en avant, puis s'était arrêtée. D'un geste machinal qui n'en finissait plus, elle essuyait ses mains avec le pan de son tablier noir.

A plusieurs reprises, je vis son menton trembler et ses lèvres s'entrouvrir. Elle allait parler. Non, elle se taisait. Elle baissait la tête, la relevait, continuait d'essuyer ses mains.

Dehors, il faisait triste. Le ciel plombé appuyait sur la crête dentelée d'acacias des coteaux sombres un unique nuage immobile.

Soudain ma mère leva les yeux en direction du miroir. Nos regards se heurtèrent l'espace d'un éclair, puis elle baissa les paupières. Le mouvement de ses mains cessa. Laissant retomber son tablier froissé et pailleté de son, elle s'avança lentement. D'une voix très douce, un peu chevrotante, elle demanda :

« Tu ne me dis pas bonjour ? »

Simulant la surprise, je me retournai d'un bloc, les mains dans les poches.

« Ma foi, avec la tête que tu m'as faite hier au soir... »

Elle n'avait pas dû fermer l'œil de la nuit. Ses traits étaient tirés et son teint plus terreux encore que d'habitude.

« Voyons, mon grand, dit-elle, c'est fini; il ne faut plus en parler. »

Elle hésita un temps, puis, comme à regret, elle ajouta :

« Il faut me promettre de ne plus recommencer, hein ?

— A t'entendre, on dirait bien que ça m'arrive souvent... Et puis, d'abord, qu'est-ce que tu as l'air de croire ? Je n'étais pas soûl, non ! Tu ne vas tout de même pas me reprocher d'avoir bu un malheureux verre avec un copain. Pour une fois que j'ai l'occasion de discuter avec un type intéressant... »

Je reprenais mon aplomb. Je commençais à me sentir en pleine forme pour y aller d'un grand discours. Puisque le Vieux s'était dégonflé, tant pis ! la Vieille prendrait à sa place ! D'une voix un peu plus ferme, ma mère m'interrompit :

« Ecoute, mon petit. J'ai eu énormément de mal à calmer ton père et j'en ai encore plus à te répéter ce qu'il m'a chargée de te dire.

— Te fatigue pas, je connais la rengaine : la terre, la récolte qui attend, le turbin qui fait du pognon, le fainéant qui se fait nourrir. Tout le grand jeu, quoi !

— Non. Justement. Il faut que tu m'écoutes. »

Intrigué, je pris cependant le temps d'ironiser.

« Tiens, il a changé de disque ? A soixante-dix ans, c'était temps qu'il se décide. Ma parole, il a dû casser l'autre ! »

Ma mère avait l'habitude de mes sarcasmes. Il devait pourtant lui falloir déployer une volonté inouïe pour conserver son calme.

« Ecoute-moi, mon petit. Je te jure que ça n'est pas le moment de rire. Si ton père est parti sans te voir ce matin, je crois que c'est parce qu'il n'était pas sûr de pouvoir se contenir... Il faut absolument que tu lui demandes pardon.

— Pardon ? Ben alors, elle est bonne celle-là ! Mais pardon de quoi ?

— De ce que tu as fait hier, tu le sais bien.

— Pardon d'avoir bu un canon à vingt ans ! Décidément, on aura tout vu ! »

Ma mère implora :

« Fais-le pour moi, mon grand. Je t'en supplie, fais-le pour moi... Sinon...

— Sinon quoi ?

— Sinon, ton père a dit que...

— Eh bien, vas-y. Allons, dis-le ! Il a dit qu'il me foutrait dehors ! »

Elle ne pouvait pas se résoudre à prononcer ces mots. Elle fit un signe de tête affirmatif et baissa les yeux.

« Depuis le temps qu'il en crevait d'envie ! Tu parles s'il a dû être heureux de sauter sur l'occasion. »

Je vis qu'elle allait parler, je ne lui en laissai pas le temps.

« C'est bon, ne t'inquiète pas, je vous débarrasse. »

Elle s'était avancée tout près de moi. Posant sur mes épaules ses mains qui tremblaient, elle leva vers moi un visage bouleversé. Depuis, j'ai revu souvent ce visage et j'ai toujours appelé courage la force stupide qui m'a permis de ne pas prendre ma mère dans mes bras pour l'embrasser. J'avais mon idée dans le crâne et j'étais bien décidé à la suivre jusqu'au bout.

Ce soir, c'est encore ce visage que je retrouve, empreint d'une détresse qu'elle ne parvenait plus à dissimuler. Et je sais maintenant le nom qu'il faut à mon attitude.

Sans brutalité, mais inexorable, je la repoussai :

« C'est peut-être pénible pour toi, maman, mais, puisque mon père le veut, je partirai.

— Mais, mon petit, il ne veut pas que tu partes. Seulement, comprends-le, il est vieux maintenant. Tu vas avoir une femme, probablement des enfants...

— Non, c'est un prétexte comme un autre, mais tu sais aussi bien que moi qu'il ne m'aime pas.

— Ne dis pas des choses pareilles. S'il ne t'aimait pas... »

J'étais excédé. Je ne voulais surtout pas lui laisser

l'impression que je partais uniquement parce que j'en avais envie.

« Ecoute, il est inutile de chercher à me retenir; aussi bien pour toi que pour moi, il est préférable que je parte. Au moins vous pourrez avoir votre petite vie tranquille. Vous y tenez, ça se voit. »

Elle ôta ses mains de mes épaules et baissa la tête. Elle savait que je mentais. Que je ne partais pas pour les laisser jouir d'une tranquillité que je m'étais toujours ingénié à saper. Si elle me l'avait fait remarquer, je me serais mis en colère. Cela aussi elle le savait. Changeant son jeu, elle jeta une carte, qu'elle croyait un atout maître, sur ce tapis où elle n'avait jamais pu ramasser un pli. Elle comptait sans l'as de pique, noir, pointu et affilé comme un poignard que j'avais à la place du cœur.

« Et Françoise ? dit-elle.

— Quoi, Françoise ? On n'est pas mariés, non ? Elle chialera un bon coup avant d'en trouver un autre. Les paysans, j'en ai soupé. Je ne vais pas me coller une vachère aux trousses pour le reste de mon existence ! »

Dans le regard qu'elle leva sur moi, je découvris une lueur que je n'avais jamais remarquée chez ma mère.

Oui, maman, j'étais assez peu perspicace, suffisamment naïf pour craindre que tu me détestes. Sans le comprendre sur le moment, j'ai redouté d'être seul. Absolument seul, sans personne qui m'aimât.

Je sentis que j'étais allé trop loin. D'ailleurs, cette phrase dépassait ma pensée. Je pataugeais. Dans ma crainte de faiblir, je devenais odieux. Il était temps de faire machine arrière.

« A force de m'énerver, vous finirez par me rendre mauvais. Tu m'en fais dire plus que je ne pense...

Comprends bien que je pars sans rien de précis en vue... Je ne peux pas emmener une femme et l'exposer à crever de faim... Dès que j'aurai réussi à me faire une position stable, je reviendrai chercher Françoise.

— Tu me promets de ne pas l'abandonner ?

— Oui, je te le promets... Tu lui diras que je lui écrirai en arrivant.

— Tu ne vas tout de même pas partir sans la revoir ?

— Si. C'est préférable. Il vaut mieux couper court. »

Une heure plus tard, mes toiles, mon chevalet, ma boîte de peinture étaient emballés et ma valise de linge bouclée. Ma mère m'avait préparé une autre valise. Des victuailles. Elle y avait mis également quelques vieilles bouteilles, peut-être pour me permettre de noyer mon chagrin et mes remords; pourtant, je n'avais rien de semblable à lessiver dans la cuite que nous prîmes le soir même, mon hôte et moi, avec ce vieux vin du Revermont.

Quelques instants après, le camion du laitier m'emmenait en direction de Lons-le-Saunier, où je devais prendre le train.

Lorsque ma mère m'a embrassé, ça m'a fait drôle tout de même. Elle avait les yeux secs, bien secs. Elle me serrait contre elle. Elle collait sa bouche à ma peau. Elle pétrissait mes épaules dans ses mains, à me faire mal.

Le klaxon du camion s'impatientait derrière la grille.

Arrivés au bout de l'allée, elle m'a serré encore une fois de toute sa force, sans prononcer un mot.

Mes bagages casés, je m'étais assis sur une caisse

entre deux bidons à lait. Le démarreur hoquetait. Prenant ma main, ma mère y glissa, tout chiffonnés, cinq billets de mille francs.

Un bras qui fait signe. Une vieille femme déjà anonyme derrière la fumée du gas-oil et qui crie :

« Tu écriras... Tu as promis... Et à Françoise aussi... »

Un chaos. Le camion s'incline. Le chemin tourne derrière un mur. Le camion ralentit. Un autre tournant, puis il prend de la vitesse. Mouillée par les premières gouttes, la route s'allonge comme déroulée par le camion. La bâche verte claque, les bidons s'entrechoquent.

Maintenant, la terre monte, se hisse vers le ciel bas, dérobe une à une les maisons. Les toits s'enfoncent, le clocher, les coteaux rayés de vignobles, leurs crêtes boisées... Puis le pli de la terre disparaît derrière les premières bâtisses de la ville.

Je ne devais plus revoir ma mère vivante.

Est-ce parce que tu le sentais, maman, que tu m'as serré aussi fort dans tes bras ? Est-ce pour cela que tu m'as fait promettre de ne pas abandonner Françoise ?

IV

J'ÉTAIS resté une semaine sans écrire. Juste le temps de vider ma valise de victuailles. Mais l'ami qui m'hébergeait ne vendait pas des toiles à longueur de journée et sa table n'était pas aussi abondamment garnie que celle de la maison paternelle. Je me rappelai une des dernières recommandations de ma mère :

« Si tu manques d'argent, fais une petite croix au crayon au bas de ta lettre, je l'effacerai avant de la faire lire à ton père. »

Au bas de ma première lettre, il y avait déjà la petite croix au crayon. Je ne me souviens pas d'avoir adressé à ma mère une seule lettre qui ne portât ce discret appel à son porte-monnaie. Mon père ne s'occupait pas de l'argent. Le temps lui manquait, et puis il avait confiance.

Devant les copains, je flambais :

« Pourvu que la Vieille n'ait pas perdu sa gomme ! »

Elle m'écrivait, la Vieille. Des lettres pleines de mon petit, de mon grand, de mon chéri. Des conseils à n'en plus finir. Des phrases gauches, maladroites à force de vouloir être tendres. Les paysans ne savent pas exprimer leurs sentiments. Ma mère n'avait jamais eu recours au langage pour me témoigner son amour. Elle s'était toujours contentée d'agir. Elle donnait, c'est tout ce qu'elle savait faire.

Chaque fois qu'elle avait hasardé un mot tendre, je l'avais repoussée. J'avais repoussé jusqu'à la sensation de malaise qui m'avait serré la gorge, dans le camion du laitier, le jour de mon départ. Je l'avais repoussée par crainte d'en découvrir la véritable raison. Ma peur de me « laisser aller à des sensibleries de femmelette » m'avait souvent conduit à me faire violence pour paraître mauvais. Là encore, je feignais de n'attacher aucune importance aux lettres de ma mère. Quand un mot, une phrase me laissaient entrevoir combien ma mère souffrait de mon absence, je m'efforçais à paraître indifférent. Il me semblait que mes amis eussent trouvé ridicule tout attendrissement.

Mais était-ce leur jugement que je redoutais le plus ? Ne restait-il pas, tout au fond de moi, un peu de mon enfance que réveillait la séparation et qu'il fallait faire taire coûte que coûte ? Lorsqu'une lettre arrivait sans annoncer ni argent ni marchandise comestible, je haussais les épaules.

« C'est pas avec des mon chéri, des leçons de morale et des bons baisers qu'on va se remplir l'estomac ! »

Françoise aussi m'écrivait souvent et c'était elle qui portait les colis à la gare pour ne pas éveiller l'attention de mon père. Alors je répondais, m'appliquant à ménager cette précieuse alliée.

« Deux femmes contre le Vieux, elles arriveront toujours à le posséder. »

Je pouvais ainsi me poser en dur, en mec qui a ses femmes et leur demande du pognon. Aux yeux de mes camarades, un galon de maquereau s'ajoutant à mon auréole d'artiste héroïque me grandissait de quelques centimètres. Je devenais un truand de race, un descendant en ligne directe de François Villon.

Là-bas, au pied des monts bleus, un vieillard grattait sa terre. Interrompant un instant sa besogne, une femme allait au-devant du facteur. Prétextant des douleurs d'estomac, elle se nourrissait de pommes de terre pour vendre un œuf de plus et m'expédier un morceau de lard. Une gamine de dix-neuf ans se louait comme faneuse pour ajouter discrètement quelques centaines de francs au prochain mandat que ma mère la chargerait de poster.

Aussitôt débarqué dans ce village de la banlieue sud de Lyon où demeurait mon ami, j'avais eu un véritable coup de foudre pour le fleuve. Le Rhône m'impressionnait, il me coupait le souffle. Malgré cela, je me croyais taillé pour m'empoigner avec lui et en venir à bout. Tout le temps que nous laissaient nos beuveries, nous le passions à dessiner ou à peindre. Enfin, je menais la « vie d'artiste ». Et cette nouvelle existence allait bientôt m'absorber de telle sorte que je n'aurais plus besoin de faire aucun effort pour oublier le reste.

Il est vrai que, conseillé et guidé par mon ami, à qui vingt ans de pratique avaient permis d'acquérir un métier solide, je faisais quelques progrès. De là à me prendre pour un véritable peintre, il n'y avait qu'un pas, et mon manque total d'expérience m'autorisait à le franchir sans sourciller. Comme le besoin d'argent ne se faisait jamais réellement sentir, je n'éprouvais pas la nécessité de vendre ma peinture. Je thésaurisais, j'emmagasinais mes chefs-d'œuvre en vue d'une problématique exposition qui, je n'en doutais nullement, serait une réussite.

La guerre finie, mon ami « remonta » à Paris.

Pourquoi je ne l'ai pas suivi ? Je ne sais pas. Non, même ce soir, je ne sais pas au juste. La peur de courir une aventure pour laquelle, inconsciemment, je ne me sentais pas assez d'étoffe ? La frousse de mettre une trop grande distance entre la bourse de ma mère et mon assiette de célibataire ? Peut-être, oui.

Mais certainement aussi à cause du fleuve.

C'est qu'il me tenait déjà ferme, celui-là ! Il s'agrippait à mes basques. Agacé par le vent du sud, il se hérissait en vagues courtes, nerveuses, et brasillait comme une fourmilière de soleils.

Nul homme n'est assez compact, assez serré, assez rigide pour demeurer toute une vie à l'abri de l'amour. Cet amour refusé à mes Vieux, à celle qui allait devenir ma femme, je l'avais accordé d'emblée à ce fleuve. Ou, plutôt, il me l'avait pris. Arraché malgré moi en se servant de mon vice : la peinture. Il m'avait exhibé sa force et je m'étais figuré naïvement qu'elle entrerait dans mon œuvre. Qu'elle gonflerait mon barbouillage de débutant pour en faire du Grand Art. Je malaxais sur le carton des pâtes grises dans lesquelles je voyais complaisamment couler la puissance d'un remous, l'harmonie d'une rive incurvée, la vigueur fraîche d'une ombre de peuplier animée du frisson perpétuel d'une lône grouillante de vie secrète.

Insensiblement, mais sans rémission, le peu de place qui pouvait encore demeurer en moi pour un sentiment élevé était occupé par le fleuve. Il se glissait, se faufilait, s'infiltrait en moi, agrandissant la faille à chaque vague. Ainsi jusqu'à l'envahissement total.

Dans la peinture, le sujet importe peu, je l'ai compris depuis, c'est le peintre qui compte. Je me croyais alors l'égal du fleuve et je pensais que la grandeur de mon modèle m'aiderait à montrer ma propre grandeur. Enfin, j'avais découvert un sujet à ma taille ! Pauvre de moi; il n'y a pas de grandeur dans la fange. Un fleuve creuse son empreinte dans la terre, il ne lui cède pas pour autant une partie de sa vigueur. Au contraire, il la ronge. Il ne fertilise que les glèbes denses, bien assises.

Le peintre doit rester maître de son sujet, le dominer. Le mien m'écrasait. J'étais inondé, c'est le mot. La force du fleuve glissait sur moi comme son ventre lisse rampe sur les galets imperméables. Majestueux et indifférent, il passait. Il n'attachait pas plus d'importance à mon amour que je n'en avais attaché à celui de ma mère. C'était une leçon, je n'ai pas su l'entendre.

Une fois mon ami parti, je restai seul. Les mandats de ma mère n'étant pas suffisants pour me permettre de manger et de payer la location de l'atelier qu'il m'avait laissé, j'achetai un sommier d'occasion et je déménageai pour me réfugier dans une espèce de cave. Ces deux pièces à demi enterrées avaient servi jadis d'entrepôt à sel aux vieux bateliers du Rhône. Les murs lépreux suaient encore un inépuisable salpêtre et l'ampoule électrique y accrochait des constellations qu'habitait tout un peuple de vermine. Quoi de plus beau pour un poète amoureux de son fleuve que cette piaule encore pleine de la présence des « Condrillots » ? Une santé de fer me permettait d'y dormir d'un sommeil peuplé de rêves merveilleux qui me laissaient ivre d'espoir au réveil.

Pourtant, quand vinrent l'automne et ses journées de pluie, la solitude se mit à me geler les moelles. Je pensais à Françoise. A deux, la vie serait moins pénible. Et puis, faire le lit, préparer les repas, laver mon linge...

J'étais trop orgueilleux pour envisager un retour au village. Je craignais d'ailleurs que mon père n'eût pas changé d'avis et qu'il me mît, dès mon arrivée, une charrue entre les mains.

Une autre femme ? Je n'y ai jamais songé.

La paresse peut-être ? La crainte de perdre du temps ?... Je ne crois pas. Mais j'étais trop pris par le fleuve et la peinture pour m'interroger sur ce point. D'ailleurs aurais-je osé reconnaître qu'une petite paysanne me manquait ? Que j'avais besoin d'elle ? Qu'il y avait en moi autre chose que la peur de vivre seul ?

Vers la fin d'octobre, j'écrivis à Françoise de venir me retrouver, ajoutant que nous nous marierions ici.

Quatre jours plus tard, elle était là, enthousiaste et reconnaissante. Enfin, nous allions vivre tous les deux. Ensemble. Unis, comme dit le prêtre, pour le meilleur et pour le pire. Enfin, je consentais. Je lui faisais la grâce de l'accepter. Elle allait pouvoir partager ma vie, mettre à mon service son ardeur pour me permettre de travailler sans souci à ce qui m'était si cher, à ce qui lui était déjà cher, à elle qui avait pourtant à peine commencé de payer. Peut-être un jour consentirais-je à lui faire partager ce qu'il y avait de secret en moi, ce qui, à ses yeux, me plaçait si haut. Pour l'instant, nous nous contentions de partager les provisions qu'elle tirait de sa valise ou, plus exactement, Françoise me regardait dévorer un poulet froid prélevé sur la basse-cour de ma mère.

Son excitation ne tomba pas d'un pouce à la vue de ma piaule. Cette piaule qui désormais serait notre logis. Qui allait être le point de départ de ce calvaire qu'elle abordait sourire aux lèvres, le visage cuivré encore de son dernier été de soleil.

Dès le matin de son arrivée, comme le parfait ouvrier tout de suite adapté à une tâche nouvelle, Françoise se mit au travail. Le désir de prouver sa gratitude peut faire d'une paysanne une véritable fée. Une fée dont la baguette magique s'appelle : marteau, clous, brosse, balai, serpillière ou savon. Epousseter, astiquer, éponger; faire d'une malle recouverte d'un chiffon le meuble qui nous manquait : rien n'était impossible pour elle. Muet, inapte au moindre coup de main, je regardais notre cave se transformer en un nid d'amoureux comme on regarde, au printemps, la métamorphose de la nature.

Les besognes bassement matérielles ne me concernaient pas. Françoise le savait. Il ne lui serait pas venu à l'idée de me demander d'y prendre la moindre part.

Elle se chargea également des démarches en vue de notre mariage.

Pour moi, le mariage n'était qu'une formalité dont je me serais exempté volontiers. J'allais passer un marché qui me donnerait la possibilité de disposer légalement d'une maîtresse et d'une femme de ménage. D'une « femme de peine ».

Toi, Françoise, au sortir de ton enfance de malheur, tu te faisais du mariage une opinion différente. Tu étais en droit d'attendre la cérémonie simple mais belle pourtant dont tu avais certainement rêvé. La petite église à deux pas du cimetière où reposait ta mère; la présence de tes amies, de mon père, de ma mère remplaçant la tienne.

Peut-être aviez-vous toutes deux formé des projets; fait des préparatifs; nourri l'espoir d'une réconciliation entre mon père et moi... De mon retour aussi.

En arrivant, tu m'avais dit :

« Il faut que nous allions nous marier au pays. C'est normal. On ne peut pas faire autrement. »

Cette proposition, je l'attendais. Ma réponse était prête, brutale, cinglante, catégorique.

« Ici ou rien du tout. Je ne tiens pas à retourner là-bas.

— Mais nous reviendrons ici dès le lendemain si tu veux.

— J'ai dit non ! D'ailleurs, j'ai horreur des mascarades ridicules.

— Ta maman pourtant...

— N'insiste pas. Il n'y a pas à revenir là-dessus. Tu sais que je suis partisan de l'union libre et que si j'accepte le mariage, c'est uniquement pour te faire plaisir. N'en exige pas davantage. »

Tu n'as rien exigé. Tu ne sais même pas demander.

Alors, dans une église déserte et froide, dans une mairie inconnue, en présence de deux témoins impassibles, sans robe blanche ni bouquet, sans autre joie que ton bonheur et mon plaisir, tu as dit « Oui » à la misère. J'ai dit « Oui » à ton sacrifice.

La veille, j'avais dû me confesser. Je n'avais pas mis les pieds dans une église depuis près de dix ans. Il en fallait bien plus pour m'émouvoir. Pour moi, la confession faisait partie des formalités; comme le reste, elle fut rapidement expédiée. La pénombre qui baigne toujours le confessionnal — probablement pour permettre au pécheur de dissimuler sa honte et au prêtre de sourire sans être vu — ne me permit pas de voir la tête du vieux curé. Ils doivent en entendre de vertes et de pas mûres, les curés, dans ces antichambres du ciel ! Pourtant, le nôtre a dû faire une drôle de mine ce jour-là, en face d'un gamin de vingt ans déclarant allégrement :

« Je n'ai rien d'autre à me reprocher que des peccadilles de jeunesse qui ne méritent pas d'être énumérées. J'ai fait de ces vers de Baudelaire ma ligne de conduite :

Sache qu'il faut aimer, sans faire la grimace,
Le pauvre, le méchant, le tordu, l'hébété,
Pour que tu puisses faire à Jésus, quand il passe,
Un tapis triomphal avec ta charité. »

V

Parfaitement, la charité !

Donner une thune à un mendiant quand on n'a plus que dix francs dans sa poche. Et pas pour briller aux yeux des copains, non, pour son petit plaisir personnel. Pour pouvoir se dire : « Je suis un homme charitable. Tous les artistes sont charitables. L'authentique poète partage sa guigne avec le mendiant nourri du courant d'air des arches de ponts. »

Cependant, la charité d'un geste, d'un mot à ceux qui crevaient de m'aimer, j'ignorais qu'elle existât.

Saint Martin éloignant sa mère à coups de crosse d'évêque pour partager, à deux pas de là, son manteau avec le pauvre !

Car, en ce temps-là, tu étais bien, ma mère, le moindre de mes soucis. Je n'avais d'ailleurs pas encore de soucis. Tes colis et ton argent continuaient d'arriver, annoncés par tes lettres auxquelles Françoise répondait plus souvent que moi.

J'avais une femme. Et j'avais surtout mon fleuve. Alors, ma mère, tu pouvais achever de mourir, bien tranquille dans ton coin.

Tu n'en avais plus pour longtemps à te cramponner... A peine un an. Toute une longue année sans revoir ton fils.

Et, je puis l'affirmer aujourd'hui, tu n'es pas morte le jour de ton décès. Tu n'es pas morte de cette congestion pulmonaire qui t'a emportée. Ni des privations que tu t'imposais depuis mon départ. Ni de celles que tu t'étais imposées pour me gâter, me choyer, m'acheter en cachette des livres et de quoi peindre.

Tu n'es pas morte de fatigue, d'épuisement, de maladie.

Tu es morte d'amour.

C'est bien plus grave et plus cruel.

Et je pourrais le gueuler dans cette nuit aussi froide que la nuit de ta mort. Je pourrais réveiller ces dormeurs ballottés par le roulis du rapide en hurlant que tu es morte d'amour. Uniquement d'amour.

Durant vingt années, tes yeux ont mendié en vain la charité d'un mot, d'un regard. Tu es morte comme le miséreux qui crève la main ouverte, affaissé au pied du mur. Vidé. Seul devant l'indifférence. Effroyablement seul.

Non, ma mère, tu n'es pas morte ce matin glacé de décembre : tu avais commencé de mourir vingt ans plus tôt, en me mettant au monde.

Chaque minute de ma vie, chaque minute de ces vingt années, tu es morte un peu. Pas à pas, silencieusement, consciencieusement, tu t'es approchée de la tombe. Chaque journée te courbait davantage vers cette terre dont tu devais avoir senti depuis longtemps avec quelle force impérieuse elle t'attirait.

Avant moi, elle avait été ta seule joie; elle devait être ton premier repos.

On ne pleure pas une femme telle que toi. On n'a pas le droit. C'est sur sa vie qu'il faudrait s'attrister. Mais pas pleurer. Oh ! non, surtout pas pleurer ! Sa dignité ne s'accommode pas des larmes.

Dans le cimetière de ce village, au pied des coteaux hachurés de vignobles, combien y a-t-il de ces squelettes de paysans dont jamais aucune larme ne vient mouiller la tombe ?

Et c'est peut-être mieux ainsi. Vous dormez entre vous. Entre gens du même monde. Morts de la même vie.

Les larmes attardées d'un ingrat traverseraient les deux mètres de glèbe que vous avez sur le ventre pour aller vous brûler comme un vitriol. Elles réveilleraient vos souffrances. La terre seule a le droit de vous rendre un dernier hommage.

J'ai vu arriver un jour, dans un cimetière de campagne, un homme de mon âge qui avait arrêté devant la grille rouillée une automobile clinquante de nickels bien astiqués. Il avait l'allure faussement contrite et la démarche pressée d'un ministre « dans l'exercice de ses fonctions », allant déposer une gerbe au pied d'un monument commémorant la mort de soldats dont il se fout comme de sa première appartenance politique.

L'homme apportait sur la tombe d'un paysan une gerbe d'orchidées. Il eût fallu des jours de travail au mort à qui ce grandiloquent hommage s'adressait pour en payer le prix. De quoi le faire frémir de honte dans son cercueil pourri. La honte d'avoir engendré ce crétin. Avant de déposer pompeusement ses fleurs, l'homme a voulu nettoyer la tombe. Il avait raison, au fond, les boutons d'or eussent rougi à faire envie aux coquelicots de la promiscuité des fleurs rares. Pour ne pas abîmer ses mains soignées, l'homme a mis des gants avant d'arracher l'herbe.

Il est des circonstances où les morts devraient avoir le pouvoir de sortir de leur tombe. Juste le temps d'un coup de pied au cul !

Non, ma mère, non, mon père, vous pouvez dormir

en paix, je n'irai pas déposer d'orchidées sur votre tombe. Je suis tombé bien bas. Je sais. Mais pas jusque-là dans le domaine de la sottise.

Après avoir lavé la crasse de mon âme aux seules larmes du ciel, il me faudra aller à pied, de la rosée jusqu'aux genoux, cueillir dans les près de l'été les plus modestes fleurs. Les seules qui soient assez pures pour vous.

Et si un jour mes mains étaient suffisamment propres pour empoigner sans les souiller quelques grains de blé, j'irais en ensemencer votre tertre. Alors, des quatre bords du ciel, les oiseaux viendraient bercer votre sommeil de la plus harmonieuse des musiques.

Mais ce soir, seul me revient le froid de votre mort.

Car il faisait froid ce matin de décembre où nous vous portâmes dans la terre, mes Vieux morts. A un an d'intervalle. Presque jour pour jour.

Ma mère la première. Ouvrant la route. Fière et droite comme toujours. Tombée d'un coup. Ceinturée en plein champ par la congestion, la pioche à la main, grattant la terre gelée d'un silo à betteraves.

Quand je suis arrivé, prévenu par télégramme, c'était fini. Son visage avait déjà trouvé le repos. Installée dans l'éternité, elle dormait son premier vrai sommeil. Son premier sommeil sans cauchemar. Sans souci du réveil avant l'aube, cette aube qui ne lui apportait jamais que tourment et déception. Elle avait juste un pli amer de chaque côté de la bouche, assez pour dire qu'elle avait cherché jusqu'au bout à s'accrocher encore. A demeurer pour nous...

Puis, sentant que c'était impossible, elle s'était laissée aller en pensant à moi, à nous, à notre misère qu'elle ne pourrait plus soulager.

Ce pli amer, c'était ça. Le reste du visage était dé-

tendu, méconnaissable. Les stigmates de la fatigue
avaient disparu. Il n'y a pas de place pour la fatigue
dans le pays où elle allait. La fatigue n'est que sur
terre, une fois son rôle terminé, elle s'efface.

J'avais vingt ans. J'ai pleuré, maman, en embrassant
ton front de cire. Je t'ai demandé pardon.

Salaud !

Même pas la franchise, l'honnêteté de me réjouir de
ta libération !

Et ce pardon que j'implorais. Ce pardon que tu
m'avais accordé depuis vingt ans, avant même que
j'aie commencé de t'arracher ta vie lambeau par lambeau; ce mot qui n'avait aucun sens dans ma bouche,
je devais le répéter un an plus tard en m'inclinant
sur la dépouille de mon père, sans avoir rien fait
pour l'empêcher de te suivre. Après l'avoir, au contraire, poussé d'une bourrade sur ta tombe encore
fraîche.

Le jour de ton enterrement, pour laver la souillure
de mes larmes impures, le ciel en deuil d'un bord à
l'autre pleurait. Les collines voûtées, écrasées sous le
poids de toute cette eau venue là pour toi, frottaient
leur dos rond au ventre des nuages. Des franges de
crêpe traînaient leur tristesse jusqu'à terre, se déchi-
rant çà et là au faîte d'un toit fumant.

Ployant l'échine sous l'averse, tout le village était
présent. Parmi ces gens de ta trempe, tu ne comptais
que des amis. Leur silence, leur éternel silence venait
de plus profond que mes sanglots.

Ces derniers chrysanthèmes, déjà fanés par les ge-
lées, ficelés par des mains malhabiles, combien ils
étaient plus émouvants, plus sincères que ma cou-
ronne de perles ! Mes fleurs artificielles, aussi factices,
aussi superficielles que mon spectaculaire chagrin,
barrées d'une inscription de fer-blanc qui sonnait

creux au vent du nord : « A ma mère. Regrets éternels. »

Regrets de quoi ? De t'avoir tuée ?

Non, je n'avais pas encore compris.

Alors, regrets de l'argent que tu ne m'enverrais
plus ?

Peut-être...

Les paysans n'ont pas l'habitude de la poignée de
main. Ils ne savent pas serrer la main, on dirait qu'ils
ont peur de faire mal. Ce jour-là, la callosité, la dureté de ces mains qui frôlaient la mienne à la porte
du cimetière étaient pour moi un reproche. Ces gens
avaient tous compris le rôle que j'avais tenu dans ce
drame. Pour eux, le dénouement se jouait. Car le
spectacle s'achève lorsque le plus beau personnage
quitte la scène. Ce qui allait se passer ensuite, ils le
pressentaient. Les vieux se suivent de près, c'est fatal.

Pourtant, ce personnage, si effacé fût-il, qui subsistait encore, il fallait le tuer avant de tirer définitivement le rideau.

J'allais m'y employer.

Quand nous nous retrouvâmes tous deux dans la
maison étrangement vide, mon père alla s'asseoir devant la cuisinière. Le feu s'était éteint durant notre
absence, comme s'il eût voulu marquer la cassure.
Mon père remua un peu les cendres, fit émerger quelques braises, jeta dessus une poignée de sarments et
deux rondins d'acacia; puis, approchant une chaise, il
s'assit lentement. Etendant ses jambes pour sécher à
la flamme ses godillots boueux et son bas de pantalon
trempé, il murmura :

« Ma pauvre vieille, tu m'as laissé en plan. C'était
pourtant à moi de partir le premier. »

Puis, plus bas, il ajouta :

« Ça vaut peut-être mieux. »

Il avait prononcé ces deux phrases le regard fixé sur les bûches qui ronronnaient doucement. C'est peut-être volontairement qu'il n'avait pas levé les yeux sur moi. Pour bien me montrer qu'il se savait abandonné et à quel point il comptait peu pour moi.

Je n'ai pas su le comprendre. Une fois de plus, j'ai pris pour de l'égoïsme ce qui n'était que juste mépris. Il n'avait pas pleuré pendant l'enterrement. J'avais gardé assez de sang-froid pour le remarquer.

Pauvre Vieux ! Est-ce que l'on peut tirer une goutte de jus d'un fruit, fût-il le meilleur, quand il s'est desséché au gros soleil durant soixante-dix ans ? Pouvait-il rester encore une seule larme dans ton corps ratatiné, tout en os et en nerfs après tant de sueur répandue ?

J'ai cru, mon père, que tu ne regrettais que la servante. Cette servante au grand cœur dont nulle jamais n'eut de raison d'être jalouse... Je sais maintenant que je me trompais. Pendant vingt ans, tu avais assisté, impuissant, à son agonie. Tu avais souffert non seulement de la voir se suicider pour moi, mais encore de sentir l'inutilité de son suicide. Tu l'avais aidée à porter son fardeau de toute ta volonté de travailleur acharné et jamais las.

Tu avais dû souffrir aussi, et plus cruellement encore, chaque fois que je parvenais à la dresser contre toi.

J'ai dit que tu t'étais très vite, en apparence du moins, éloigné de moi. C'est peut-être pour cela que tu as souffert. Tu nous voyais ainsi avec plus de détachement. Tu pouvais juger plus objectivement. Tu ne conservais plus aucun espoir. Aucune illusion.

Ma mère a espéré jusqu'à la dernière minute que je reviendrais. Toi, non.

Sachant que nous étions, Françoise et moi, sans ressources et très mal logés, ma mère nous disait dans une lettre écrite quelques jours avant sa mort :

« Il ne faut pas que Françoise accouche dans cette cave où je sais que vous habitez. Il faut qu'elle vienne ici. Je préparerai pour elle la chambre du bas, la grande, où l'on peut faire du feu. Et toi, mon grand, tu viendras aussi. Je ne veux pas que ma petite-fille naisse dans ce pays où vous ne connaissez personne qui puisse vous venir en aide. Pas à l'hôpital non plus. Ici, je pourrai m'occuper du bébé. Vous repartirez quand vous voudrez... »

Elle espérait ainsi nous garder. Je n'en doutais pas. Garder cette petite-fille qui eût remplacé celle qu'elle avait vainement attendue vingt ans plus tôt.

N'aie pas de regrets, maman ! En mourant avant la naissance de mon premier fils, avant même de recevoir ma réponse à ta lettre, tu t'es épargné une dernière déception. Je n'aurais pas laissé partir Françoise. Je ne serais pas retourné au pays. J'avais trop peur que vous ne réussissiez à me garder; tous contre moi.

Quand arrivaient tes appels, tes invitations à revenir, ça n'était pas tes bras ouverts que j'imaginais en train de m'attendre, je voyais les mancherons d'une charrue tendus vers moi.

Et quand je prétends que ma mère s'est épargné une déception, je sais ce que j'avance.

Le lendemain de l'enterrement, en furetant dans la maison pour rassembler quelques objets que je tenais à emporter (des souvenirs que je jugeais mon père indigne de conserver pieusement), en explorant cette maison où flottait encore l'odeur fade de la mort, j'ai découvert un berceau. Mon berceau. Fraîchement repeint et bordé de fine dentelle. Il était prêt. Tout prêt.

A côté, sur une chaise basse où ma mère aimait à s'asseoir pour ravauder ou tricoter, enveloppée dans un linge bien propre, toute une layette attendait. Des vêtements à moi, gardés avec un soin religieux et qui embaumaient. Des vêtements qui fleuraient bon les plantes de chez nous, qui exhalaient une haleine de printemps plus forte que celle de la mort. Ma mère les avait sortis de la grande armoire pour les passer en revue, afin qu'ils fussent en état le jour venu.

J'ai trouvé d'autre part une brassière de laine rose qu'elle n'avait pas eu le temps d'achever. Comme ses grosses mains sèches devaient trembler d'émotion sur ce tricot !...

Alors, ma pauvre Vieille, en voyant tout cela, j'ai été heureux, très heureux, je le jure, de n'avoir pas répondu à ta lettre.

J'ai tout emporté : le berceau, la layette, même la petite chaise basse. Françoise a terminé la brassière commencée, elle l'a terminée en pleurant cette femme, sa seconde mère.

Ces larmes-là, maman, tu ne peux pas douter de leur sincérité.

Sur le moment je n'ai pas réfléchi, mais ce soir, dans cette nuit où tout est si clair pour moi, il me vient une pensée : espérais-tu vraiment que nous répondrions à ton appel ? As-tu senti que tu allais mourir ?

D'habitude, on ne sort pas une layette de l'armoire plus de quatre mois avant la naissance d'un enfant...

Avant que je reprenne le chemin de Lyon, mon père a fait un geste dont je réalise seulement à présent ce qu'il a dû lui coûter. Nous étions dans la chambre du bas, la grande, où l'on peut faire du feu.

Il était quatre heures après-midi et depuis le matin il n'avait pas prononcé deux mots.

La pluie venait de s'arrêter et la gouttière qui larmoyait encore dans le bassin de zinc à l'angle de la maison était le seul bruit. Le froissement du papier, le cliquetis des ciseaux ne parvenaient pas à troubler le silence. Tout un univers de silence était là, entre nous, infranchissable.

Je m'apprêtais à transporter les colis à la cuisine lorsque mon père s'avança vers moi. A sa façon de tousser, je compris qu'il allait parler. Surpris, je le regardai. Ses yeux exprimaient quelque chose de tendre et de dur à la fois. Comme une détresse immense à laquelle se serait mêlé un reproche mal dissimulé. Ce n'était certainement pas la première fois qu'il me regardait ainsi; mais moi, je n'avais jamais observé de si près les yeux de mon père. Je les avais toujours crus froids, sans vie, faits uniquement pour s'assurer que le sillon est rectiligne, que le blé pousse dru, pour deviner dans le ciel le temps du lendemain.

Ce jour-là, j'ai découvert qu'ils étaient capables de parler. Hélas ! une fois de plus, la dernière, je devais mal interpréter leur langage. Je n'ai d'ailleurs pas mieux saisi le sens des mots. Ces mots égrenés lentement par une voix qui ne rendait pas non plus le son que je lui connaissais :

« Tu sais que ta mère avait demandé à ta femme de venir accoucher ici. Je ne veux pas te dire : venez quand même. Je ne vois pas à quoi je pourrais vous être utile. Je ne pourrais pas la remplacer, bien sûr. Mais je ne pense pas nous plus que je vous embarrasserais beaucoup... Enfin, c'est à toi de décider. Tu es libre de faire comme tu veux... Mais je crois que pour ta femme, pour le gosse aussi, vous seriez mieux ici... »

Il ne me posait pas de question. Il ne me demandait pas de réponse sur-le-champ. Mais j'avais tellement ancrée dans le crâne l'idée que si j'acceptais tout serait à recommencer; j'avais tellement la certitude que ces paroles lui étaient dictées par l'égoïsme, par la crainte de rester seul... Sans réfléchir, prompt à m'emporter selon mon habitude, j'ai coupé court :

« Non, inutile d'insister. Je ne reviendrai pas.

— Je ne te demande pas de revenir. Je veux simplement te dire que la maison te sera toujours ouverte. Tu devrais penser que tu n'es pas seul. Avant de décider, il faudrait peut-être en parler à ta femme. Il me semble quand même qu'elle a son mot à dire. »

Nous étions mariés depuis un an à peine, mais je savais déjà que j'étais seul à décider. D'autre part, persuadé que mon père parlait dans son propre intérêt, prêt à lui reprocher les larmes qu'il n'avait pas versées sur le cercueil de ma mère, je me mis à le détester.

Quelle volonté, quelle maîtrise de soi il a dû lui falloir pour ne pas me gifler !

« Du vivant de ma mère, tu ne devais pas voir d'un si bon œil cette invitation à revenir. Tu apprécies trop la tranquillité. Mais maintenant tu te sens seul, hein ? Tu voudrais bien avoir une femme pour te tenir ta baraque et ravauder tes nippes. Une fois ici, tu nous tiendrais ! Tu me foutrais une charrue entre les pattes ! Tu te balances pas mal de ma femme, de mon gosse et de moi par-dessus le marché; ce qui t'intéresse, c'est de ne pas voir ta terre s'en aller à vau-l'eau. Le patrimoine, c'est ça que tu veux sauvegarder ! »

Quand je dis, mon père, que tu aurais dû m'étrangler au berceau !

Ce jour-là, tu as eu sans doute envie de le faire. En rassemblant toutes les dernières ressources de ton corps délabré, tu aurais pu. Certainement. Mais tu respectais trop la mémoire de celle qui venait de te quitter. Dans un ultime élan elle se dressait entre nous, comme jadis, quand elle sentait monter ta colère et que d'un regard elle savait l'apaiser. Te renvoyer dans ton silence.

Tu ne m'as pas frappé. Pas injurié. Très calme, avec un chevrotement à peine perceptible dans la voix et un léger tremblement du menton, tu as dit :

« C'est bien. Tu peux partir tranquille, je saurai crever tout seul. Quant à la terre, je ne me fais plus de tracas. Elle donnera ce qu'elle donnera; ça sera toujours suffisant pour me mener jusqu'au bout... Après... »

Et ce geste las, infiniment las, de tes bras; cet affaissement de tes épaules tandis que tu te dirigeais vers la cuisine — vers ta cuisine de vieillard abandonné, voué à la plus dure des agonies — il m'a fallu dix années de recul pour discerner tout ce qu'ils signifiaient de détresse, d'amertume, d'affliction.

Ce soir-là, je n'ai vu dans ton geste que du regret, du dépit. Car, malgré moi, je me mettais un peu à ta place, et là c'est du regret que j'eusse éprouvé. Le regret de toute une vie gâchée en travaux inutiles. Toute une vie de vains sacrifices. Mais je ne suis pas un paysan. Un vrai paysan ne regrette jamais son travail. Et toi moins que tout autre, puisqu'il t'avait procuré tes seules joies.

Tu sentais la faiblesse de tes bras désormais impuissants à contenir l'envahissement de la houle verte des herbes sauvages qui te reprendrait la conquête de toute ta vie. Tu n'avais plus qu'à t'asseoir au coin de ton feu, le dos tourné à la fenêtre pour ne pas voir mourir ta terre. Tu n'ignorais pas qu'une fois les digues rompues, il ne faudrait pas plus d'une saison à la marée montante du chiendent vorace pour annihiler des générations d'efforts.

Un an plus tard, un petit papier couleur de printemps venait m'apprendre que la belle arche de vie construite par mes Vieux achevait de sombrer. Le télégramme ajoutait qu'il fallait venir sans tarder.

A la minute suprême, déjà troublé par le contact de la mort, le vieux patron de l'arche, le naufragé abandonné avait peut-être espéré encore.

Mais on ne lutte pas indéfiniment.

Quand je suis entré dans ta chambre, mon père, tu râlais, recroquevillé, tout petit au creux de ce grand lit.

Tu t'es éteint dans un dernier hoquet plus caverneux, plus rauque; laborieux comme si tu avais fait un effort pour t'arracher à la vie.

Si j'étais arrivé assez tôt. Si tu avais eu le temps de me demander de revenir, de renflouer le bateau et prendre la barre, je ne sais pas ce que j'aurais répondu. Je ne crois pas que j'aurais eu le courage de refuser... Mais il est certain que je n'aurais pas accepté.

Alors, il vaut mieux que je sois arrivé trop tard.

Depuis la mort de ma mère, je n'étais pas retourné au village. Je t'avais écrit quelques mots pour te faire part de la naissance de ton petit-fils. Tu n'avais pas répondu.

Le jour de ton enterrement, j'ai appris par le facteur, qui t'avait lu ma lettre, que tu avais murmuré :

« Ah ! si ma pauvre vieille était là... »

Et le facteur a ajouté :

« Je crois bien qu'en disant ça, il n'était pas loin de pleurer. »

Ton silence, je l'avais appelé égoïsme, indifférence, détachement de tout ce qui n'était pas toi et ta terre. Tu avais simplement vieilli très vite dans ta hâte de rejoindre ma mère et, déjà à ce moment-là, tu ne voyais presque plus clair.

Aujourd'hui, mon père, j'ai honte d'avouer que si tu n'es pas mort absolument de faim, c'est uniquement grâce au dévouement de quelques voisins. Témoins de ta vie irréprochable, bien placés pour comprendre le sentiment qui t'interdisait de vendre ta terre, l'un venait te bêcher un coin de jardin, l'autre traire l'unique chèvre qui te restait.

Quand il a fallu t'habiller, je t'ai pris dans mes bras durant que l'on changeait les draps de ton lit. Tu n'étais pas grand ; tu n'avais jamais été gros ; mais qu'un corps d'homme pût être desséché à ce point, ça, je ne l'aurais jamais cru.

Je sais fort bien, mes pauvres Vieux, que si vos corps étaient déjà réduits à l'état de squelette avant leur mise au cercueil, c'est que j'avais sucé jusqu'à la dernière goutte le sang dont vous viviez.

Si je puis, cette nuit, contenir mon émotion et revivre dans leurs moindres détails ces dernières heures de votre calvaire, c'est que j'ai enfin compris combien vous m'aimiez.

Vous êtes morts avant que la vieillesse n'ait fait de vous des épaves, au moment où j'entamais à peine ma vie d'homme. Ainsi vous a-t-il été permis d'emporter dans la tombe une lueur d'espoir avec le souvenir d'un fils qui, vous prenant tout, était parti tenter sa chance.

Et cette chance, qui eût fait votre joie, peut-être avez-vous pu, jusqu'au bout, trouver encore, dans le recoin le plus secret de votre cœur, la force de l'appeler pour moi.

La force de croire.

VI

Entre la mort de ma mère et la mort de mon père, une année s'était écoulée. Une année de famine pour nous. Aucun mandat, aucun colis n'arrivaient plus du Jura dans ce village où nous étions seuls, à deux pas de la ville hostile.

C'était encore notre lune de miel.

Et je ne sais s'il est au monde une femme qui ait goûté à un miel plus amer. Car, dans notre solitude commune, toi, Françoise, tu étais de beaucoup la plus seule.

Pis que seule : délaissée.

J'étais venu dans ce pays pour fuir. Pour m'évader de l'existence austère des paysans dont ma nature ne s'accommodait pas. Je t'avais attirée là par peur. La peur de ne plus pouvoir t'arracher une fois que tu serais installée dans une vie pour laquelle tu étais née.

On m'avait dit : « A Lyon, vous vendrez facilement votre peinture. » Je devais apprendre bientôt que je m'étais laissé berner. Mais la faute n'incombe pas à ceux qui m'ont induit en erreur. Je suis seul responsable.

Je suis parti à la poursuite d'un rêve, d'une meute de chimères que les brumes du Rhône ont multipliées, amplifiées jusqu'à me faire oublier tout le

reste. Et le reste c'est toi, ma femme, ce sont nos enfants. Vous quatre, alors que je ne me souviens de
vos présences que pour passer mes colères.

Je n'ai jamais cessé d'écrire. Toutefois, au début de
notre union, pendant près de trois ans, j'ai un peu
délaissé la plume pour le pinceau.

J'aime peindre. J'ai toujours aimé peindre. Dans la
peinture, la richesse de la matière m'attire. La pâte
grasse, épaisse, malléable; le crissement de la brosse ou
du couteau sur la toile; le barbouillage en soi me trans-
porte au comble de la jouissance. Une fois fixé dans
ce pays, il y a eu, en plus, la fascination du Fleuve.

Ailleurs, j'aurais probablement trouvé d'autres raisons. Pourtant, à ce point-là, ça n'est guère possible.

Le départ de mon maître et ami avait mis un terme
au côté débauché de mon existence, et je pouvais
ainsi consacrer à la peinture et au Rhône la majeure
partie de nos ressources et de mon temps. L'arrivée de
Françoise n'avait rien changé. Je partais à l'aube, ma
boîte en bandoulière et une toile sous le bras. Même
quand je ne peignais pas, j'étais heureux. Je me délec-
tais à humer la brume, à piétiner la vase. Souvent je
m'asseyais sur une roche et je restais des heures à regarder monter le soleil.

On peut aimer la nature; mais aller jusqu'à oublier
sa femme au bout de quelques mois de mariage, le
fait ne doit pas être courant !

J'étais avec Françoise la nuit, dormant d'un sommeil de brute, éreinté par mes interminables marches
sur les plages de galets ou dans les saulaies. Je ren-
trais également aux heures des repas. Quels repas !
Pommes de terre à l'eau, purée sans lait, sans beurre
et pas toujours de pain. Je ne sais par quel miracle

l'aîné de nos fils a pu naître si beau, si vigoureux. Ou plutôt si, je le sais maintenant.

Cet enfant, Françoise, pendant les quatre derniers mois de ta grossesse, tu l'as nourri de ta chair, de ta vie. Ce petit de moi que tu portais dans ton ventre durant tes mortelles journées de solitude, durant ces journées passées à m'attendre dans cette demeure où l'eau coulait contre les murs quelle que fût la saison, ce morceau de vie qui était là pour te rappeler que j'existais, a pris toute ta jeunesse. Toute ta belle santé de plante sauvage.

Je ne voyais rien. Aveuglé par l'éclat du soleil sur le fleuve, ivre de la chanson du ciel et de l'eau, je ne me suis même pas aperçu qu'après ton accouchement tu n'étais plus que l'ombre de la fille robuste et saine que j'avais épousée.

C'est à partir de ce jour-là que ton véritable calvaire a commencé. Tant que tu as porté en toi cet enfant, tant que tu as pu le nourrir de ta vie, tu n'as peut-être pas souffert pour lui. Tu avais ta douleur d'épouse esseulée, mais pas encore ta douleur de mère. Elle n'est venue qu'après la naissance de Robert. Trop épuisée, trop affaiblie pour être en état de l'allaiter, sans argent pour suppléer à ton dénuement physique, tu as sondé notre misère, notre réalité : ton fils allait mourir de faim.

Tu n'as rien dit. Il n'y a, dans ton vocabulaire, aucun des mots qui servent à se plaindre, à demander.

Devant cette double trahison du père de ton enfant et de ton propre corps de mère, tu as fait face. Farouchement, de toute ton énergie, avec, en plus, le courage de sourire.

A peine relevée de tes couches, tu t'es mise à courir la ville pour essayer de vendre ma peinture.

Et c'est également à cette époque que tu as ressenti

les premières atteintes de ce mal dont tu souffres encore aujourd'hui, dont tu souffriras toute ta vie : le rhumatisme. Née pour vivre de l'air pur des monts bleus du Jura, tu ne t'es pas acclimatée. L'exil a miné ton corps. Dès les premiers symptômes, il eût fallu partir. Sortir de cette cave dont l'humidité te rongeait peu à peu, poussant son froid jusque dans la moelle de tes os. Pour trouver un logement plus salubre, nous manquions d'argent. Le loyer de la cave était dérisoire et la propriétaire, une brave vieille qui t'avait prise en sympathie, n'en était pas à un terme près.

Le moyen le plus logique de se procurer de l'argent, c'est le travail. Encore faut-il le trouver, ce travail ! Quand on n'a aucune spécialité, ni bonne volonté ni courage, ça n'est pas facile à trouver. Moi, je ne cherchais même pas. Il ne me venait pas à l'idée de faire autre chose que peindre et écrire.

De temps en temps, tu parvenais à vendre une croûte. Nous vivotions, grâce aux enrichis du marché noir qui « planquaient leur pognon » à droite et à gauche, donnant la préférence aux placements les mieux abrités du fisc.

Elle ne devait pas durer longtemps, cette époque des mécènes par obligation. Des amateurs sans flair, sans culture artistique. Un an à peine, juste le temps qu'il fallait à mon père pour achever de mourir.

Il était temps qu'il se décidât à nous rendre ce dernier service. A nous tendre la perche encore une fois. Depuis plusieurs semaines, tu n'avais pas vendu la moindre toile, la laitière menaçait de nous couper notre crédit et le reste de notre stock de pommes de terre tenait dans le fond d'un panier.

La maison des Vieux se révéla invendable. Seules, les terres, bazardées à vil prix, trouvèrent acquéreur

et, deux mois après la mort de mon père, l'argent
nous parvenait. Je me frottais les mains :

« Trois cent mille francs, de quoi démarrer un bon
coup. »

La première chose que nous fîmes fut de manger à
notre faim. Pas un gueuleton, un repas. Un repas bien
simple, mais un repas comme nous n'en avions pas
pris depuis fort longtemps.

J'ai digéré sans difficulté ce bifteck et ces frites,
mais aujourd'hui, après dix ans, il me semble retrouver, collée à mon palais, une aigreur indéfinissable.
Une rancœur. Comme si je venais de manger le chat
que j'ai tué... Ce bifteck, ce premier accroc à cet héritage qui devait durer à peine un an, il a pour moi un
arrière-goût de reniement.

Cet argent ne m'appartenait pas. Tous les billets de
banque se ressemblent, mais tous n'ont pas la même
odeur. Ceux-là sentaient la sueur, l'honnêteté, le sacrifice poussé jusqu'à l'abnégation. Seule, une infime
part de cet argent devait atteindre son but : quelques
litres de lait pour le petit-fils de ma mère, un appartement moins humide.

Le reste ?

Le reste a pris le mauvais chemin. Au service du
génie méconnu ! Expositions, achats de toiles, de cou-
leurs; installation d'un atelier. Car, pour être sincère
jusqu'au bout, je dois convenir que j'ai mis tant de
hâte à chercher un appartement surtout parce qu'il
ne m'était guère possible de « travailler » dans notre
cave. Pour toi, Françoise, il ne suffisait pas de fuir
l'humidité de cette cave, c'était de la brume du Rhône
qu'il eût fallu t'éloigner.

Mais cette brume perfide, ce poison qui te tuait à
petit feu, c'était ma vie. Je m'en gorgeais, je m'en soû-
lais sans jamais lui trouver d'autre parfum, d'autre

saveur que ceux de ce fleuve avec qui je te trompais sans vergogne.

J'ai voulu réserver une toute petite part de notre fortune pour te faire un cadeau. T'offrir ce traditionnel voyage de noces que nous n'avions pu faire — et pour cause — lors de notre mariage. Joli cadeau en vérité. Ce que tu as pu te faire tirer l'oreille avant d'accepter ! Avais-tu deviné que j'étais le mari partant en vacances avec sa maîtresse et qui emmène sa femme parce qu'il ne peut pas faire autrement ? Tous les jeunes mariés vont à Venise. Pas nous. Et tu avais encore la bonté de trouver plus originale cette descente du Rhône que nous fîmes à bord d'un remorqueur. Tu as dû t'amuser comme une petite folle durant ces trois jours...

Moi, je regardais le fleuve. Je griffonnais des notes. Je dessinais. Aux haltes, pendant que tu courais acheter deux sandwiches, je plantais mon chevalet. La nuit, nous nous étendions sur une couverture à même le plancher de la timonerie mal fermée où le brouillard s'infiltrait. Je dormais, tout à la joie d'être sur mon fleuve. Tu grelottais en comptant les étoiles et en pensant à ton gosse que gardait une voisine. Malgré tout, tu parles toujours de ce voyage comme de tes plus belles vacances. Au fond, tu as raison, j'étais heureux, cela te suffisait; et puis, les vacances, tu n'en as jamais eu d'autres...

Si j'avais continué à boire, tu ne m'aurais pas épousé. Tu n'aurais pas pu m'aimer. Tu m'as répété souvent :

« Je ne pourrai jamais voir un ivrogne sans penser que ma mère est morte parce que mon père buvait. »

Pourtant, depuis dix ans, ce que tu acceptes est pire ! Tu dois estimer que c'est plus propre. Digne de ton sacrifice.

On épilogue à n'en plus finir sur la vie misérable de nombreux artistes. On leur décerne les palmes du mérite. Ils sont les héros de l'Art. C'est drôle, on entend rarement parler d'une toute petite mention accordée aux êtres obscurs qui ont partagé leur dénuement. Serais-tu par hasard la première ? C'est peu probable, mais, s'il en est ainsi, le destin a mal choisi. Le coup est loupé. La victime est immolée pour un faux dieu !

Les derniers billets de mille de notre héritage ont servi à couvrir les frais de ton deuxième accouchement. A ta sortie de l'hôpital, je n'avais plus assez d'argent pour qu'un taxi vous ramenât, notre deuxième fils et toi, jusqu'à la maison.

Je te revois, maigriotte et verte, trépigner dans la neige en attendant le car. Maladroitement, je porte dans mes bras ce ballot de langes et de couvertures où dort ce petit être qui va, pendant plus de dix-huit mois, s'accrocher à la vie avec cette espèce d'acharnement inconscient dont peuvent seuls faire preuve les innocents, car ils ne savent pas vers quoi ils vont. Malingre dès sa naissance, ton petit Frédéric paie en venant au monde.

Tu l'as sauvé. Vous l'avez sauvé.

Toi d'abord, en donnant tout ce qu'une mère peut donner. Les soins incessants. Les nuits sans sommeil. Les prières...

Ah ! avec quelle ferveur tu devais prier en protégeant de tes mains offertes cette flamme si faible que le moindre souffle eût suffi à l'éteindre ! Ton instinct de maman te disait que la mort était là, attendant ta première défaillance. Tu redoublais d'attention, de vigilance. C'était entre elle et toi une lutte sans merci.

Ta ténacité a eu raison de sa patience, de ses ruses. Un an et demi. Dix-huit mois de garde sans relâche.

Plus de cinq cents jours, plus de cinq cents nuits seule face à la mort. Face à une ennemie contre laquelle tu n'avais pour lutter que ton cœur débordant de générosité, que ton obstination de mère.

Voilà ce que tu as fait. Il faut le dire simplement. Sans chercher à t'en rendre hommage. Il n'y a pas de mots pour ça.

Quand je dis : vous l'avez sauvé, je pense à ce médecin qui, durant tout le temps de cette maladie, est venu presque chaque jour sans jamais accepter un sou.

Souviens-toi, Françoise, ses premières visites. Il t'effraie, ce grand gaillard qui doit se baisser pour passer notre porte. Tu trembles, ta main se crispe sur mon bras tandis que ses grosses pattes de tueur empoignent ce gosse qui n'a même pas la force de crier. Tu sentiras bien avant moi tout ce que peut dissimuler de sensibilité son aspect bourru, presque rébarbatif.

Il vient en général le soir, une fois ses visites terminées, car il lui faut parcourir une bonne dizaine de kilomètres hors de son secteur habituel pour arriver chez nous. Il frappe deux grands coups et, sans attendre la réponse, il entre. Un bœuf se trouverait derrière la porte qu'il l'assommerait. Il ne sait pas prononcer deux mots sans jurer. Aussitôt entré, il braille :

« Alors, nom de Dieu, comment ça va, cet avorton ? »

C'est sa façon à lui de dire bonjour.

Couvrant tout le berceau de la masse énorme de ses épaules, il ausculte longuement le gosse. Parfois, il s'assied à côté de lui et reste silencieux quelques minutes à observer. Puis, soudain, il se lève, explique en quelques mots ce qu'il faut faire et repart comme il est venu, en trombe. Si nous parlons de lui donner de l'argent, il répond invariablement en claquant la porte :

« Faites chier ! »

Ainsi, durant dix-huit mois, il donnera tout : l'essence dépensée pour venir, son temps, son travail et jusqu'aux médicaments qu'il apportera chaque fois qu'il sera nécessaire. Il a dû comprendre, lui, ce qu'est ta souffrance. Il a remarqué ta maigreur et tes yeux cernés, car il apporte souvent des fortifiants pour toi.

Pour le dédommager, je voudrais lui donner quelques toiles. Il dit toujours oui, mais n'a jamais le temps de choisir. Peut-être s'est-il rendu compte du rôle que je joue dans ce drame lamentable de ta misère et ne veut-il rien accepter qui vienne de moi ?

Un jour, voulant à tout prix lui prouver ta gratitude, tu achètes pour lui une boîte de cigares.

Je reverrai toujours la scène.

La consultation est terminée. Il va sortir; un peu gênée, tu t'avances en lui tendant la boîte. Il la prend, la retourne deux fois dans sa main en la regardant d'un air ahuri. Il se tourne vers nous en haussant les épaules, hésite un temps, puis, jetant la boîte sur la table, il se dirige vers la porte en bougonnant :

« Pouvez vous les foutre au cul... Feriez mieux d'acheter de la bidoche ! »

Comme on ne peut pas revendre les cigares, c'est moi qui les fumerai...

Oui, Françoise, oui, toubib, durant un an et demi vous avez conjuré vos efforts pour sauver cet avorton. Pendant que vous luttiez côte à côte, moi, le père responsable de cette naissance ratée, je barbouillais, j'écrivaillais, je flânais au bord du Rhône. Et la brume du fleuve adhérait si étroitement à ma peau qu'elle m'empêchait de sentir la présence de la mort qui rôdait autour du berceau.

Non, je n'ai pas un cœur de pierre, j'avais des œillères. Ces œillères, on vient de me les arracher d'un coup, et ça fait mal. Car elles me cachaient ce fossé, ce vide incommensurable que mon dédain et mon mépris ont creusé entre moi et les miens. Maintenant, ce vide me donne le vertige, la nausée.

Je perçois ce soir combien mon deuxième fils m'appartient peu.

Qu'est-ce que je suis dans cette affaire ?

Je suis celui qui a jeté une graine dans la terre appauvrie. Qui n'a pas été capable de nourrir cette terre pour permettre à la graine de lever normalement.

Et après, cet embryon de vie, ce nouveau-né sans chaleur, sans voix, sans ressort, pendant que je contemplais un morceau de ciel tombé dans l'eau, vous en avez fait un être humain. Vous l'avez malaxé dans vos quatre mains animées du désir de créer une œuvre valable.

Pendant que je galopais sur une fausse piste à la poursuite de ma propre grandeur et de mes chimères, sans bruit, sans jamais espérer autre chose que la satisfaction du devoir accompli, partant de rien, vous avez fait un petit homme.

C'est simple. Infiniment simple. Et c'est précisément pour ça que c'est si beau.

VII

Un geste de rien. Une œuvre banale. Humaine. Nourrir ses gosses, les élever; oublier ses désirs personnels pour subvenir à leurs besoins. S'y consacrer pleinement. Voilà un geste normal, un devoir auquel il n'est pas question de se dérober. Toutes les bêtes ont cet instinct.

Moi pas.

Dans chaque bordel, on rencontre une ou deux putains qui exercent le métier pour élever un gosse qu'un goujat leur a fait en les dépucelant et après leur avoir promis le mariage. Tous les clients des maisons de tolérance ont entendu ce refrain. On a tort d'en rire. C'est exact quelquefois. Alors on a juste le droit de s'incliner. Tout le monde n'est pas capable de se prostituer pour élever un môme.

Je suis bien placé pour en parler.

Je ne parle pas du travail quelconque, du vulgaire turbin. Je le répète : celui-là, je n'y songeais pas. Mais la peinture. Cette peinture que je considérais comme un travail. Travail sacré...

Eh bien, ce sacré travail, je n'ai jamais pu me résoudre à le mettre au service des miens. Je trouvais plus noble de mettre ma palette au service de l'Art avec un grand A.

Une journée de ventre creux devant une pile de croûtes invendables : quelle euphorie, quelle béatitude pour des gamins de trois ans !

« Le Musée chez soi. » Chefs-d'œuvre à discrétion. Distribution de croûtes aux enfants de la maternelle. Régalez-vous les quinquets, voilà qui en vaut la peine !

Vendre ? J'aurais pu. J'ai eu des occasions. Des propositions que d'autres recherchent toute leur vie.

Souviens-toi, Françoise, de ce soir d'hiver où tu es rentrée rayonnante avec deux mille francs dans ta poche. Deux mille francs alors que nous étions sans un sou. Fauchés. Archi-fauchés... Trois jours avant Noël...

Haletante, à bout de souffle à force d'avoir couru tout au long du chemin. Le chemin du retour vers la maison sans feu. Ta course dans la nuit avec la bise qui débouchait au coin des rues. Avec, dans ta poche, ta main qui serrait, serrait ces deux billets froissés.

Comme ça devait danser devant tes yeux, dis, toutes les lumières de cette nuit déjà bourdonnante d'un avant-goût de fête. Ta course sur les trottoirs devant les boutiques regorgeant de victuailles, de cadeaux, de jouets étincelants sous les ampoules multicolores.

Ta course dans la nuit, Françoise, ton retour harcelé de bise, aiguillonné d'espoir, fouetté de joie, comme ça devait être bon, hein ?

Tu oubliais tout, ta journée de marche harassante dans la ville, la morsure de l'hiver piquant ses aiguilles à travers ton apparence de manteau élimé jusqu'à la trame; la blessure de la ficelle sciant tes doigts endoloris, malades.

J'étais rentré bien avant toi, à la tombée de la nuit, avec une toile de plus à mettre sur la pile.

Quand tu es arrivée, notre voisine — femme d'un manœuvre de l'« Electro-Chimie » qui avait du feu chez elle — venait juste de me ramener les gosses.

Rayonnante, tu étais. Rayonnante et sans voix. A bout de force, mais rayonnante tout de même.

Tu ne savais que me montrer ces deux images pleines de promesses de litres de lait, de kilos de pain. De quelques papillotes peut-être, pour les petits souliers percés... C'est tant de choses pour une maman, trois papillotes dans un soulier. Pour une maman qui n'a jamais rien eu dans ses sabots de petite paysanne miséreuse.

« Mon chéri. Mon chéri. Nous sommes sauvés. Sauvés ! »

Enfin, tu t'es assise sur le lit à côté de moi. Tu m'as attiré contre toi. Tu m'embrassais. Tu embrassais les gosses.

« Alors, tu as vendu ? Dis. Dis vite !

— Mieux que ça.

— Mais quoi, parle.

— J'ai vu le patron d'une grande galerie.

— Il t'a acheté des toiles ?

— Non. Il a fait mieux. Tu ne devineras jamais... Un contrat... Il faut que tu ailles le voir demain pour signer un contrat. »

Ah ! Françoise ! Ma pauvre petite Françoise. L'espoir. Les rêves. Le pain, le lait, le charbon, les papillotes, comme ça s'est envolé d'un seul coup ! Balayé, éjecté, pulvérisé d'une chiquenaude. Comme elle a dû te faire mal, bon Dieu, cette calotte !

Comme la joie s'est enfuie de tes yeux quand j'ai su de quel contrat il s'agissait.

Hors de moi; j'étais hors de moi. Oser me proposer

ça à moi, le grand peintre, le champion de la sincérité, l'honnêteté du pinceau personnifiée !

C'était trop fort : m'offrir de barbouiller du calicot
au mètre pour un marchand de meubles; un mercanti
qui réclamait des panneaux décoratifs. Me demander
de peindre des dessus de buffet de salle à manger
pour bourgeois cossus. Non mais des fois, et le res-
pect de mon nom, alors, qu'est-ce qu'on en foutait ?
On marchait dessus ?

Tu essayais de me convaincre. Timidement. Sans
conviction.

« Mais, mon chéri, tu signeras d'un autre nom. Il
m'a dit que c'était sans importance, la signature...

— Sans importance, la signature ? Et la qualité des
toiles aussi, je suppose ! Ce qui est important pour
ces salauds-là, c'est le fric. Rien que le fric !

— Pourtant...

— Non ! Non ! Cent fois non ! Tu retourneras demain voir ce type. Tu lui diras de ma part que je ne
suis pas une catin. Tu lui reporteras ses deux mille
balles d'acompte et tu retireras les toiles que tu lui as
laissées en gage. J'aime mieux crever. Tu entends, crever... »

Oui, crever. Aimer la peinture, la respecter plutôt
que de la traîner dans l'ordure; la rabaisser au rang
de marchandise commerciale. Soit ! Chacun est libre.
Je dirai même qu'il y a là une certaine beauté, le
geste a du chien. De la grandeur.

Mais les gosses, alors ?

On peut saluer jusqu'à terre celui qui crève dans de
telles circonstances.

Il le mérite.

Il le mérite à condition qu'il soit seul à crever.

Toi, Françoise, tu avais ta pauvre petite figure
creuse, encore toute violette du froid de la rue. Ta

pauvre petite gueule de maman que l'espoir ne réchauffait plus. Anxieuse, tu regardais tes gosses dont
la pâleur te criait d'insister.

« Mais, mon chéri, nous n'avons plus d'argent du
tout... Les petits...

— D'accord. Les petits. Je sais. Tu crois peut-être
que je n'y pense pas ? Mais qu'est-ce que je peux
faire, hein ? Est-ce ma faute si les gens ne veulent pas
de ma peinture ? Les petits, bien sûr... Autrefois, avec
mes Vieux, c'était la terre. Maintenant, les gosses.
Alors il y aura toujours quelque chose. Jamais je n'aurai le droit d'être moi-même. De travailler librement ?

— Je sais ce que tu dois souffrir, mon pauvre
chéri. Je voudrais tant pouvoir vendre ta peinture...
Mais non. Ils n'en veulent pas. Ils ne comprennent
pas... Ou alors, c'est moi qui ne sais pas vendre.

— Enfin, je ne peux tout de même pas tout faire,
non ? Peindre, aller tirer les sonnettes, et quoi encore ?

— Je ne dis pas ça. Pourtant, peut-être qu'ils préféreraient te voir, te connaître, discuter avec toi.

— Non, on ne peut pas vendre soi-même sa peinture. Tu le sais. Et j'aimerais mieux faire n'importe
quoi, plutôt que de changer ma manière pour plaire à
ces crétins qui n'y connaissent rien. »

Tu étais assise sur le bord du lit avec tes deux petits à côté de toi. Tu avais encore ton béret sur la
tête, l'air d'être en visite, prête à partir.

Debout, bras croisés, je regardais mes toiles.

« Les cons ! Ah ! oui, alors, tout plutôt que de barbouiller au goût du public. »

Du bout des lèvres, tu suggéras :

« Au fond, peut-être qu'il vaudrait mieux que tu
fasses autre chose... Tu pourrais peindre quand
même, avec l'esprit plus libre. »

Qu'est-ce que tu avais dit là ! C'était la première

fois que tu te permettais une allusion semblable; ce devait être la dernière.

« Ah ! oui. Comme les autres, quoi ! Toi aussi tu voudrais m'étouffer commes ILS ont cherché à le faire pendant toute ma jeunesse. Me faire perdre un temps que je ne rattraperai jamais... C'est bien. J'ai compris. A partir de demain, tu n'iras plus vendre de peinture. J'irai m'embaucher comme manœuvre aux « Produits chimiques ». Ça paie bien, ces boîtes-là. On en claque en trois ans, mais la veuve et les orphelins ont une rente. Au moins, vous aurez votre avenir assuré... Quand je serai mort, mes toiles se vendront certainement mieux. Vous toucherez du pognon. Tu raconteras aux journalistes de quelle façon j'aurai crevé. Enfin, tu t'arrangeras, quoi ! »

En me tournant vers toi pour juger de l'effet produit par ma tirade, je vis que tu pleurais. En silence. Sans gros sanglots.

C'était la première fois que je te faisais pleurer. Tes larmes ne m'ont pas ému. Elles m'ont gêné.

Plus calme, je repris :

« Pleure pas, c'est inutile. Ça n'avance à rien. Je sais bien que tu n'es pas responsable de la bêtise du public... Tu as peur que je te laisse tomber avec les gosses. Que je foute le camp comme Gauguin ? Tu ne risques rien, va !... Je n'aurai jamais ce courage... Tout envoyer au diable, la femme, les gosses et le reste... Non, n'aie pas peur, vous ne risquez rien. »

Non, tu ne risquais rien, Françoise ! Tu n'avais rien à perdre. Ou si peu...

Malgré tout, tu devais trembler de me savoir cette pensée; trembler comme ma mère avait tremblé.

Si je ne suis pas allé jusque-là, il ne faut pas m'en attribuer pour autant de la grandeur d'âme, un esprit de sacrifice, le devoir paternel...

Gauguin... Il avait du génie, lui. Il en avait conscience.

Moi, j'avais besoin de toi. Obscurément besoin de ta présence muette. De votre présence à tous, comme j'avais eu besoin de toi dans ma solitude... Comme j'ai besoin de vous cette nuit dans ma détresse...

Mais, si j'ai découvert aujourd'hui combien je tiens à vous, je n'oublie pas qu'il y a eu autre chose.

J'avais besoin également, Françoise, de ta présence utile, travailleuse. Responsable. Car je me laissais vivre. Je me déchargeais sur toi de tous les soucis.

L'assiette servie — quand tu parvenais à trouver de quoi la remplir — le linge lavé, reprisé, le lit fait, ça compte ! On a beau dire... J'en avais pris l'habitude avec ma mère.

Les quelques toiles que tu arrivais à vendre, de temps en temps, à force de grimper des étages et de parcourir des kilomètres à pied, me préservaient d'une autre besogne. Je pouvais faire le fanfaron, le cynique avec mes histoires de manœuvre aux « Produits chimiques », t'en menacer — car je te menaçais de me mettre à travailler (un comble !) —, je n'ai jamais eu l'intention de m'exécuter.

Un jour sur deux, tu allais à Lyon faire du porte à porte pour essayer de vendre la marchandise la plus difficile à placer.

Je sais ce que c'est. J'ai essayé pendant tes derniers mois de grossesse, quand tu étais dans l'impossibilité de traîner un colis de toiles.

Il y a deux sortes de peinture : la bonne et la mauvaise. La mauvaise, la peinture dite commerciale, est plus facile à vendre que l'autre parce qu'elle est faite

pour être vendue. Elle tape à l'œil, elle plaît au parvenu qui veut en mettre plein la vue à ses amis. La
bonne, la vraie, peut se vendre aussi, soit au véritable
amateur que l'on ne possède pas, qui sait ce que
c'est; soit au spéculateur dont l'unique souci est la signature et, bien sûr, la preuve de son authenticité !

Or, ma peinture était à cheval entre les deux. Pas
assez tape-à-l'œil pour faire son petit effet dans la
salle à manger du m'as-tu-vu, elle n'était pas non plus
assez bonne ni assez bien signée pour prendre place
dans une collection.

Tu peux être fière de toi, Françoise. Les quelques
croûtes que tu as vendues représentent un tour de
force que bien des voyageurs de commerce chevron-
nés voudraient pouvoir inscrire à leur palmarès.

Ce que je dis là, je ne viens pas de l'apprendre. Je
le savais avant de t'envoyer courir la ville. Je n'ai jamais eu au fond de moi une dose assez épaisse de
stupidité pour considérer mes toiles comme des œuvres de maître. J'ai eu foi en moi, oui. Je le reconnais.
Je me suis très sincèrement cru dépositaire d'un joli
lot de génie. Mais, d'abord, je n'ai jamais pensé que
la peinture fût le moyen d'expression qui me permettrait de « me réaliser » à fond; et, quand bien même
l'aurais-je cru, le croirais-je encore, que j'admettrais
volontiers n'être pas parvenu à atteindre mon but.

Et la petite Françoise a remballé son allégresse.
Elle a remis dans sa poche ses deux billets de banque
avec, par-dessus, son mouchoir humide. Ses grands
yeux de gamine prise en faute m'ont demandé pardon. Ses yeux de petite mère avide de pouvoir donner
la becquée à sa nichée ont imploré la grâce du génie
bafoué, insulté dans sa grandeur.

Je ne raille pas. Je n'oserais pas. Je n'oserais plus...

C'est bien trop respectable, Françoise, un amour comme le tien !

Tu m'as demandé pardon après avoir couché tes enfants dans leur lit froid, avec leur estomac vide. Tu m'as demandé pardon avant de te coucher à côté de moi, dans ce lit presque sans couverture et sur lequel tu avais étendu ton manteau. Ton manteau avec, dans la poche, les deux billets de mille. Couchée les jambes rompues, le ventre cave, dans le lit du génie, avec, en guise de couvre-pied, deux billets de mille.

Et pour ça, Françoise, est-ce qu'il existe un pardon ?

Oui, Françoise, c'est respectable en tous points, un amour comme le tien. Car, toi, tu ne peux même pas te reprocher d'avoir délaissé tes enfants pour te donner davantage à moi. Tu as toujours su partager équitablement. Avec tout le tact, le doigté, l'adresse nécessaires. Personne ne s'aperçoit du partage.

Tu partages dans l'amour. Tu partages dans les plus modestes détails de notre vie de chaque jour.

Pour que personne ne soit lésé, tu donnes davantage.

A l'époque dont je parle, les jours où tu n'allais pas à Lyon trimbaler ton paquet de châssis ficelés de chanvre qui te tranchait les doigts, tu travaillais à la maison : lessive, raccommodage, ménage, cuisine (et quelle cuisine, de l'acrobatie, de la prestidigitation, faire tout avec rien). Le reste du temps, c'est-à-dire jusqu'au milieu de la nuit, tu le passais à ta machine à coudre.

Les tabliers en matière plastique. Travail à domicile. Payé aux pièces. (Et quand je dis payé...) J'étais constamment en train de me révolter, de me répandre en jérémiades inutiles et démoralisantes pour toi. Je

gueulais qu'il s'agissait d'une escroquerie autorisée.
Qu'il fallait pendre ces affameurs, écraser ces sang-
sues du pauvre monde. Que c'était un scandale, cette
exploitation des crève-la-faim dans notre genre. Que
tout le monde le savait, les exploiteurs en tête, et que
personne ne tentait rien pour y remédier...

Mais j'acceptais de te voir peiner sur cette antique
machine sans moteur, rouillée par un demi-siècle
d'inaction dans la cave de ton père, lequel n'avait
même pas estimé qu'elle valût un verre de vin.

J'acceptais.

J'avais pris l'habitude de m'endormir au bercement
de cette chanson, de cette complainte monotone de ta
douleur.

Deux ans, tu as fait ce métier. Il est certain que tu
l'exercerais encore sans la maladie. L'eczéma de la
matière plastique, le plus douloureux qui soit, disait
le médecin. Et le plus long à guérir. Les mains, les
avant-bras, puis tout le corps couverts de boutons. Tu
serrais les dents à cette brûlure atroce, lancinante,
sans répit.

Tu souriais. Tu cherchais quel autre métier tu
pourrais faire pour nous tirer de notre dèche.

La dèche. Apprendre à vingt-cinq ans ce qu'est la
faim. Avoir le cœur assez bien accroché pour regarder
sans défaillir une femme et deux gosses dépérir à vue
d'œil. Refuser de prostituer un talent dont on n'est
même pas certain qu'il puisse, un jour, donner quelque chose de bon. Voilà quel fut mon lot.

Les mains dans les poches, le pinceau sur l'oreille,
je sifflais un air de grande musique pour rythmer la
cadence de votre danse devant le buffet.

Le ballet des crève-la-faim : prélude à la danse macabre, arrangement musical du père, mise en scène du
père, numéro exécuté par la femme et les gosses,

spectacle de famille ! Sujet de fresque pour salle de garde : « La danse macabre par des squelettes d'enfants ! »

Tu acceptais, Françoise. Tu étais persuadée que je n'y étais pour rien. Que si une faute avait été commise, elle ne pouvait venir que de toi.

Tu souffrais pour tes petits; tu souffrais pour moi; tu n'as jamais souffert pour toi... Tu n'avais pas le temps.

VIII

Nos deux premiers fils se suivaient à un an d'intervalle. Si le troisième n'est venu au monde que quatre années après la naissance de Frédéric, c'est que la faim devait nous ôter jusqu'à l'envie de faire l'amour. Et puis, Françoise veillait jusqu'au milieu de la nuit, penchée sur sa machine à coudre ou sur ce tricot qui furent longtemps nos seuls moyens d'existence, tandis que j'étais debout avant l'aube pour ne pas manquer un lever de soleil sur le fleuve. En somme, nous menions à l'envers l'existence du veilleur de nuit et de la femme de journée, à ce détail près que ma femme était seule à faire un travail utile.

Il devait y avoir en outre sa crainte, bien légitime, de voir une troisième bouche affamée réclamer sa part de notre magnifique gueuleton.

Un danseur de plus au bal des transparents !

D'habitude, on fait entrer le convive de la dernière heure en lui disant :

« Assieds-toi et mange : quand il y a pour quatre, il y a pour cinq. »

Chez nous, il n'y avait rien, les portions n'eussent pas été compliquées à faire !

Je n'avais jamais les deux pieds sur terre. Mon absentéisme permanent de la sordide existence que menaient les miens me préservait de tout souci. Je ne suis pas difficile sur la qualité de la nourriture et n'ai pas un appétit féroce. Quand il y a, je mange; quand il n'y a rien, je me mets plus volontiers à peindre qu'à chercher un moyen plus rapide et plus certain de gagner mon pain.

Du moins, est-ce ce que j'ai toujours prétendu, mais il faut préciser que je ne me suis jamais trouvé seul plusieurs jours d'affilée devant une table vide. Françoise a toujours été là. Et elle cherchait. A force de chercher, elle finissait invariablement par trouver. Alors, c'était elle qui partageait avec moi.

Dans les campagnes de notre Jura natal subsiste la coutume, le rite, qui veut que l'on serve d'abord le maître de maison. C'est lui qui fournit la somme la plus importante de travail : premier à la tâche, premier à table. C'est juste.

Françoise a conservé cette habitude. Jamais je ne m'en suis étonné.

Tout le temps que dura ce sinistre carême, je ne pense pas avoir mangé plus que les autres; mais il faut croire que mes rêves me sustentaient un peu, car j'étais le seul à ne pas être malade. Soit pour Françoise, soit pour l'un des gosses, nous avions fréquemment recours à la bonne volonté de notre géant de toubib.

Toujours aussi désintéressé, il accourait au moindre appel. Pendant quatre ans, ma femme et mes gosses ont dû, à eux trois, engloutir l'intégralité des échantillons de fortifiants qu'il recevait. Dans son village, il est ce qu'on peut appeler le médecin des pauvres; il devait pourtant m'avouer par la suite qu'il ne lui avait jamais été donné, au cours de sa carrière, de se trouver en présence d'une misère aussi coriace que la nôtre.

Un jour, Françoise lui fit part de ce que certains eussent appelé un espoir. Autrement dit, elle lui annonça qu'elle craignait d'être enceinte une troisième fois.

Le regard qu'il me lança ce soir-là... J'ai cru qu'il allait me voler dans les plumes !

Prétextant qu'il avait oublié sa lampe de poche, il me demanda de le reconduire jusqu'à sa voiture. Depuis des années qu'il venait nous voir, il avait eu le temps de faire connaissance avec notre montée d'escalier et je ne me fis aucune illusion sur le but de sa demande. Je ne me souviens pas d'avoir descendu aussi lentement nos deux étages.

Aussitôt dehors, il alluma les phares de sa voiture. Planté devant moi, et inclinant la tête pour mieux me voir dans la lumière diffuse que nous renvoyait le mur de la maison qui fait l'angle de la rue, il me prit par le bras. J'avais eu l'occasion maintes fois d'apprécier sa bonté; pourtant, ce soir-là, j'ai eu peur.

Oui, la trouille, la pétoche. Peur pour ma gueule !

Sa « paluche » de débardeur, en se fermant autour de mon bras, venait de me ramener sur terre d'un coup.

Contrairement à son habitude, il parla doucement. C'était aussi la première fois qu'il me tutoyait. Il n'était plus pressé. Il ne jurait plus. Il parlait.

« Je n'ai peut-être aucun droit de t'entretenir de tout ça. Tu peux dire que je me mêle de ce qui ne me regarde pas, pense de moi ce que tu voudras : je m'en contrefous ! D'ailleurs, ne serait-ce qu'en tant que médecin, j'estime que la santé des gens me regarde, même s'il ne s'agit plus de leur administrer des drogues ou de leur coller le doigt au trou du cul. Et, en ce qui concerne ta femme, je veux que tu saches bien que je ne peux plus rien faire. Tu m'entends, rien ! La médecine est là pour soigner les malades, pas pour les nourrir. C'est peut-être con, mais on n'a encore rien trouvé qui remplace les biftecks. Il est possible que tu sois un grand peintre, je n'en sais rien, je n'y connais rien et ça ne m'intéresse pas. Mais si c'est vrai, ça prouve que les peintres ne voient pas toujours très clair, hein ?

— ...

— Est-ce que tu sais ce que tu es en train de faire ? »

Dans les marronniers invisibles de la propriété voisine, une chouette ulula une espèce de « ouais » lugubre et sarcastique. La main du toubib serra plus fort. Il s'arrêta un temps avant de poursuivre :

« Eh bien, mon petit, tu es en train de tuer ta femme. Oui. Foutue. Tu m'entends ? Elle est foutue ! »

Si nous n'avions été sous la fenêtre, il se serait mis à crier. Sa voix étouffée martelait les syllabes et le vent de ses mots me souffletait le visage.

« Elle en claquera... Peut-être même avant l'accouchement. Tu sais ce que c'est, une femme enceinte ? Une femme enceinte, faut que ça bouffe. Faut que ça bouffe pour deux. Et pour deux, ça veut dire dix fois ce que la tienne doit bouffer à l'heure actuelle... Oui, mon vieux, bouffer et se reposer, voilà ! Et la tienne plus que les autres encore, parce qu'elle est vidée. La peau et les os. Et quand je dis les os... Une nourriture normale et du repos, tu comprends ? Sinon : foutue ! T'entends ? Foutue ! A dix contre un, je la joue ratatinée, moi. Et je sais ce que je dis. »

A chaque mot qu'il mordait entre ses dents serrées

par la colère, ma peur augmentait. J'avais peur pour moi. Pour Françoise aussi... Peut-être...

« Quant au moyen de lui donner à croûter, ce n'est pas moi que ça regarde. A toi de voir. »

Lâchant soudain mon bras, il monta dans sa voiture et fit claquer la portière. Puis, baissant la glace et se penchant un peu, avant de démarrer il lança encore :

« Ce que je t'en dis, moi... Tu es libre. Mais je préfère quand même que tu sois prévenu. »

Avait-il réussi, par la pression de sa main sur mon bras, à me communiquer un brin de sa volonté, de son tempérament ?

Le lendemain, j'allais faire inscrire mon nom sur les registres de l'Office départemental de la main-d'œuvre et du travail.

IX

LE travail !

Bon Dieu ! L'énoncé de ce mot suffisait à me scier les jambes. Il me coupait l'envie de manger. Mais ce n'était pas une solution. Ma part de notre pitance quasi symbolique était loin de représenter les neuf dixièmes qui manquaient à la ration de Françoise.

Le travail ! Les bras m'en tombaient... Et les bras qui tombent au moment où il faut se mettre à turbiner...

Par un hasard dont je devais comprendre par la suite à quel point il était providentiel et combien il a fallu que je sois borné pour profiter si peu de temps d'une telle aubaine, cinq jours après mon inscription j'étais embauché. J'entrais en qualité d'employé aux écritures dans les services de publicité d'une usine de textiles.

Ah ! ce matin de novembre où j'ai mis le nez pour la première fois dans ce train que j'avais vu démarrer si souvent, l'été, alors que je peignais au bord du Rhône !

Train de six heures. Train ouvrier.

Il pleuvait à verse. Lyon pavoisait, exhibant ses oripeaux de grisaille, pour me souhaiter la bienvenue à sa façon. Son ciel invisible se liquéfiait, rayant le brouillard agglutiné par paquets aux lampes des rues, aux enseignes lumineuses des hôtels, tout autour des « Pieds humides ». Les Pieds humides, ces petites buvettes plantées comme des pissotières aux angles des places, à côté des arrêts des tramways et qui portent si bien leur nom. Pieds humides de l'ouvrier, du manard, qui boit là son coup de rouge matinal, ce café au lait du travailleur de force. Pieds trempés du mendigot chassé de son arche de pont par la morsure de l'avant-jour et qui vient, grelottant sous ses loques, humer le fumet du café, des croissants, du pinard et voler un peu de chaleur au percolateur, attendant des heures que l'on jette un mégot, n'espérant rien d'autre. Les gens qui se lèvent si tôt sont pressés; ils n'ont ni le temps ni les moyens de faire la charité.

Cet aspect de la ville m'était inconnu. Il m'était déjà arrivé de la traverser à cette heure-là, par ce temps-là, comme il m'avait été donné de prendre un train ouvrier. Ce jour-là, j'ai su que le spectateur n'aura jamais de la pièce la même vision que l'acteur, que le dernier des figurants.

Gens du turbin de la première heure, j'avais traversé votre monde en badaud; reniflé de loin l'odeur de votre transpiration; frôlé au passage le cambouis de vos bleus; caressé de la main dans la cohue, comme on caresse une bête curieuse, la bosse de votre musette à casse-croûte et souri du goulot qui dépasse. Ce matin-là, j'entrais dans votre monde. J'avais dans ma poche la carte d'abonnement à la S.N.C.F. réservée aux travailleurs. Cette carte qui permet, chaque lundi, d'acheter la feuille de tickets. Six tickets. Un pour chaque jour de la semaine, rien pour le dimanche.

Carte éphéméride qui remplace pour l'ouvrier le calendrier de poche sur lequel le troufion biffe un jour chaque matin en comptant ceux qui le séparent encore de la quille. Là, c'est la quille hebdomadaire, renouvelable à perpétuité. La définitive est trop lointaine, on ne la voit pas, perdue à l'extrémité de la vie. On n'y pense pas.

Le sam'di soir, après l'turbin...

Ce que j'ai pu l'attendre, ce samedi soir !
Je passais ma semaine à l'attendre. A ne penser qu'à lui.

Toi aussi, Françoise, tu devais l'attendre, avec le secret espoir que peut-être, pour une fois, je consentirais à être un peu à toi. A te consacrer quelques heures pour te sortir, si peu que ce fût, de ta solitude. Mais, cette joie de rien, ce lambeau de bonheur, jamais je ne te l'ai accordé. Toi, tu n'avais pas besoin d'arriver au lundi matin pour te mettre à attendre le dimanche suivant. Il te suffisait de me voir m'enfermer dans mon atelier ou boucler ma boîte de peinture dès les premières lueurs de l'aube pour savoir que c'était partie remise.

J'apportais ma paie, ma quinzaine, je me sentais le droit au dimanche. Ce dimanche m'appartenait. Je l'avais gagné. Je le payais à raison de quarante-huit heures de prison par semaine, j'entendais qu'on me le laissât dans son intégralité. Le seau de charbon à monter de la cave. Le bois à fendre, l'eau à pomper pour la lessive. Plus question. Quarante-huit heures recta ! J'étais plus intransigeant que le Code du travail (ce code qui ne réglemente pas le travail de la femme au foyer, de la mère de famille).

Le samedi soir après le turbin, j'avais le sentiment du devoir accompli. Je pouvais, il était accompli à la perfection le devoir ! Dans cette usine où je suis resté enfermé quarante-huit heures par semaine pendant trois mois, ma tâche consistait à mettre sous enveloppe des prospectus, à cacheter les enveloppes et à inscrire sur chacune d'elles un nom et une adresse relevés sur un registre. Ce travail était simple, pas fatigant et, bien entendu, payé en conséquence. Le train deux fois par jour et la cantine à midi constituaient en somme tout ce que je partageais avec ce qu'on appelle le travailleur.

En me « réceptionnant » lors de mon arrivée, mon chef de service m'avait laissé entendre que je pourrais rapidement, à condition de prouver ma bonne volonté, accéder à un emploi mieux rémunéré. Il avait même ajouté :

« Et faire un travail plus intéressant. »

Le pauvre type était à cent lieues de supposer combien le travail, quel qu'il fût, m'était odieux.

Je pliais, je collais, j'inscrivais... Et je rêvais. Oui, surtout, je rêvais. Ma table s'appuyait contre un mur. J'avais devant moi un mur. Un mur propre, impeccablement peint en beige, sans une fissure, sans une tache. Un mur tout ce qu'il y a de plus plat. En quelque sorte un magnifique écran de projection.

On se figure que seul un mur décrépi, moussu, grouillant d'un monde de lézards et d'insectes peut inciter à la rêverie, exciter l'imagination ? Non. J'affirme le contraire. Je n'avais nul besoin du bavardage des vieilles pierres pour me distraire. J'avais charrié jusque dans ce bureau mes matériaux de construction, mon outillage, une véritable entreprise à bâtir des rêves en série. Et je suis bien persuadé que l'employé qui s'est assis à ma place après mon départ n'a jamais imaginé le nombre de personnages extravagants, de paysages fabuleux, de scènes fantasques qui

ont défilé sur ce mur. Car, si cet employé est encore
là-bas, c'est qu'il expédie quotidiennement un nombre
suffisant de circulaires pour donner satisfaction au
patron.

Il avait de la patience, le patron. La première fois
qu'il me fit appeler dans son bureau, j'étais en place
depuis deux mois et demi.

« Mon ami, dit-il (j'ai remarqué qu'un patron vous
appelle invariablement son ami lorsqu'il s'apprête à
vous administrer une semonce), je vous ai appelé
pour vous faire observer qu'il est dix-huit heures cinquante-cinq. »

A peine sorti de mon rêve, d'un geste machinal je
consultai ma montre.

« Dix-huit heures cinquante-quatre très exactement. »

Le « vieux » était assis derrière son bureau, jambes
étendues, bien carré dans son fauteuil et la tête légè-
rement inclinée sur le côté. D'un bond, il fut sur
pied. Cette fois, il ne parlait plus à son ami. Il m'en-
gueulait.

« Est-ce que vous vous payez ma tête ? Je ne vous
ai pas envoyé chercher pour mettre ma montre à
l'heure, mais pour vous faire remarquer que, dans
cinq minutes, la journée sera terminée. Or, on vient
de m'apporter votre travail. Depuis ce matin vous
avez expédié vingt-cinq enveloppes. Pas une de plus.
Vous pouvez les compter. »

Ecarlate, les veines saillantes, il martelait du poing
la pile (hum !) d'enveloppes posée sur son sous-main
de maroquin. Après un temps, il se rassit et conti-
nua :

« C'est la cinquième fois que je vous fais prévenir
par votre chef de service. La personne qui remplissait
ces fonctions avant votre arrivée — et je vous rap-

pelle qu'elle avait soixante-cinq ans — expédiait de quatre cent cinquante à quatre cent cinquante-cinq circulaires par jour. Votre record personnel n'a jamais atteint la centaine. Voilà deux mois et demi que vous êtes ici et j'estime que j'ai été plus que patient. Vous voudrez donc bien considérer notre entretien de ce soir comme le dernier avertissement. »

Baissant le ton, il ajouta :

« Vous avez deux enfants, aucune référence, aucune qualification professionnelle; les bureaux de placement regorgent de gens comme vous. Je ne vous en dis pas davantage, mais je vous invite à réfléchir. Rappelez-vous bien ceci : nous n'avons pas besoin de poète à la maison. »

J'ai réfléchi et j'ai tenu bon une semaine. Une interminable semaine, du lundi matin au samedi soir, sans penser à rien qu'à mon travail. Prospectus, enveloppe, mouillette, porte-plume. Prospectus, enveloppe, mouillette, porte-plume... Une, deux, trois... et la pile montait. Voilà pourtant un travail qui devrait permettre de penser à autre chose ! Non, je n'ai jamais pu faire deux choses à la fois. J'ai déjà tant de mal à en faire une convenablement !

J'ai tenu bon une semaine. Héroïquement, j'ai repoussé la foule des personnages de roman, des sujets de fresques, des héros de film qui venaient danser sur le mur beige. Lundi, mardi, mercredi... jusqu'au samedi. Toute une semaine à une moyenne de deux cent cinquante enveloppes par jour.

Hélas ! Après le samedi, il y a le dimanche. L'inévitable dimanche.

Le dimanche avec sa liberté bien gagnée (une fois n'est pas coutume) et le fleuve qui vous offre ses trésors. Le spectacle permanent et gratuit de ses rives aux mille visages. Le fleuve qui tord ses « meuilles » vertes chargeant les digues rocheuses de toute la puissance de son dos musculeux. Le fleuve avec ses brumes, coulisses merveilleuses d'où surgissent des silhouettes. Vagues d'abord, inertes et molles, elles se précisent, prennent corps à mesure que l'on approche. Elles vous entourent, vous assaillent de toutes parts; elles vous étreignent et se laissent embrasser. Elles sont la proie qui dévore le ravisseur.

Arbres nus, lourds de vie endormie; roches au faciès anguleux de chevaliers du Graal; saules têtards emmoustachés de ronces, patriarches loquaces, insatiables conteurs.

Brume, écrin prestigieux velouté de lumière infiniment douce; brume impalpable, glaise d'où l'œil efface les silhouettes, sculptant pour lui seul des images plus belles encore; conformes à son désir.

Un décor se lève. Une ébauche brossée à la hâte s'affirme à mesure que le soleil s'écrase sur les collines dans une débauche de pourpre et de mauve. Entre deux fûts de peupliers, un rai horizontal se faufile et saupoudre d'or fin le miroir figé d'une lône. Le premier projecteur s'allume. L'orchestre prélude. Des personnages paraissent. Un, deux, trois, puis toute une troupe pressée.

Ils vont parler...

Ils parlent.

Ils murmurent des mots inconnus. Ils emploient un langage nouveau, pour exprimer des idées abstraites. C'est la musique de leur voix qui vous charme; le son des syllabes. Puis, peu à peu, ces syllabes s'assemblent, forment des mots. Elles chantent des phrases que l'on comprend...

Des choses qu'il faudrait noter...

« Mais oui. Noter ! Ecrire ! »

Et c'est revenu comme ça. D'un coup. Sans prévenir. A la fin d'un après-midi de dimanche.

Ah ! le « trait de lumière », le « souffle du génie », ça
ne prévient pas ! Ça vous tombe dessus n'importe où !

Un ample coup de filet dans les brumes du Rhône,
et d'un seul geste j'ai tout raflé : projecteurs, décors,
personnages, musiciens... Tout.

En courant, je suis rentré à la maison. Je me suis
enfermé dans mon atelier avec ma pêche miraculeuse
et jusqu'au matin j'ai écrit.

Françoise devait être effrayée; jamais elle n'avait vu
noircir une telle quantité de papier en si peu de
temps.

Mais, hélas ! Aussi inévitable que le dimanche après
le samedi, il y a le lundi qui suit le dimanche. Le
lundi qui colle à la roue sans rémission. Et, dès ce
lundi, ma moyenne record de la semaine précédente
s'écroule.

Prospectus, enveloppe, mouillette, porte-plume.
Une, deux, et la brume que nulle porte n'arrête vient
se coller au mur beige, plantant sur la table jaspée
d'encre le décor du roman commencé.

Mais le chef de service est là. Il ne fait pas partie
de la distribution et pourtant il s'octroie son petit
rôle. Son rôle de mouchard comme je disais. Tout
bonnement son rôle d'homme chargé de faire exécuter un travail. De faire « son » travail.

Pas un grand rôle; non, c'est le patron qui se taille
la part du lion. Sobre, sans geste superflu, sans éclat
de voix, implacable, il lance la dernière réplique.

Il ne me fait pas appeler dans son bureau : une
simple lettre recommandée, une de ces enveloppes
que je déteste tant viendra m'annoncer à domicile
que je ne fais plus partie du personnel.

X

Et quand je dis : viendra m'annoncer, j'oublie que c'est toi, Françoise, qui recevras cette lettre, qui encaisseras le coup, comme toujours.

J'ai appris par une indiscrétion d'une secrétaire du patron que je suis licencié. Je ne suis pas allé le trouver pour tenter de me cramponner, implorer que l'on me garde en promettant de m'amender. Non. Et ma dignité, alors ?

La dignité, où ça va se nicher !

En rentrant ce soir, ce soir de ma dernière journée de colleur d'enveloppes, je n'ai qu'une crainte : celle que soit précisé dans la lettre le motif de mon renvoi. Au fond de moi, j'ai honte. Tout en m'insurgeant intérieurement contre la déplorable organisation d'une société qui laisse crever ses esprits supérieurs, j'ai honte de ma paresse. Je rage contre « Eux », contre tous les salauds, impersonnellement. Je rage aussi contre moi. Je réalise déjà ce que je viens de perdre. Cette gâche, cette planque où l'on ne me demandait qu'un travail facile et en quantité raisonnable. Travail en échange duquel on me remettait chaque quinzaine de quoi satisfaire l'appétit si peu exigeant des miens.

C'est fini. D'un coup de rêve, j'ai tout effacé. Je sais que tu ne me feras pas de reproche, Françoise ! Pourtant, je suis effrayé à la perspective de t'avouer la raison de mon licenciement.

Sans bruit, hésitant à chaque marche, je viens de monter nos deux étages. La main sur la poignée de la porte, je tends l'oreille comme si j'espérais deviner ta pensée. Entendre ta voix intérieure. Je n'ai pas peur de t'affronter, Françoise, petite Françoise toujours timide devant moi; c'est la Vérité, que j'ai peur de regarder en face. Cette vérité que je sens, si par hasard tu allais me la crier, me la cracher à la figure ?

Redescendre l'escalier. Partir. M'enfuir et vous laisser en tête à tête, les gosses et toi, avec cette vérité.

Non, je ne partirai pas. J'entrerai. J'entrerai chez moi et si tu cries je crierai plus fort que toi. Et c'est le front haut que je pousse la porte.

Tu m'embrasses. Ton étreinte est si semblable à celle des autres soirs que je crois un instant à une plaisanterie de mes collègues. Cependant la lettre est là, sur la table. Tu l'as lue et tu sais malgré tout m'embrasser comme d'habitude.

Je lis à mon tour.

Ouf ! Il s'agit de la lettre banale, sans précision. Je feins la surprise, l'indignation. Je froisse la lettre et la jette dans le seau à charbon.

« Salauds ! Me balancer sans raison ! Ah ! les vaches ! Bien la peine que je me sois crevé le cul pour essayer de leur donner toute satisfaction. Bande de lâches, même pas le courage de me le dire en face. Ils m'écrivent pour éviter les explications que j'étais en droit d'exiger. Ça doit être une habitude de la boîte, ils doivent prendre des pauvres types à l'essai, ils les font bosser comme des nègres en les gonflant avec des promesses d'avancement et au bout des trois mois, quand le moment est venu de leur donner un salaire normal, ils les lourdent... »

Je bâtis ma petite histoire avec tant de talent que je parviens presque à me convaincre. J'aurais dû faire du théâtre. J'étais taillé pour réussir. Jouer la comédie, ça me connaît. Je ne joue pas un rôle, je fais mieux · j'improvise. Je vis mon personnage !

Ma colère monte. J'arpente la cuisine à grands pas. Je gueule. J'insulte toute la meute des patrons rapaces. Des charognards. Je les traîne dans la boue. Je les voue à la potence. Je les massacre par douzaines. Je fais ma petite révolution. Balayant à gestes larges, impitoyables, tout ce qui n'est pas artiste, je tiens le plateau d'un bout à l'autre.

Devant ce déluge de paroles, ce torrent impétueux d'éloquence acide, le public s'est réfugié dans un angle de la cuisine. Tremblants, apeurés, vous êtes là, toi et les petits, à regarder, sans piper mot. Vous partagez en silence la juste colère du travailleur victime du capitalisme ! La douleur de l'artiste pur, d'une pureté liliale, égaré dans un monde sordide dont la crasse a fait déguerpir le dernier mécène !

Pris à mon propre jeu, emporté par ma fougue imbécile, satisfait de pouvoir enfin extérioriser ma colère devant un public sincèrement ému, je suis intarissable. Tout y passe. Un historique complet de la misère sociale avec force commentaires.

Je regrette le Moyen Age où les troubadours trouvaient au moins des seigneurs pour acheter leur poésie et la payer sans lésiner en bons écus trébuchants et sonnants. La Révolution ? Une connerie. Un coup d'épée dans l'eau. Les syndicats ? Une rigolade. La République ? Une foutaise. Le gouvernement ? Un beau bordel ! Le panier de crabes. L'assiette au beurre. Les pots-de-vin !... De quoi mourir de honte d'être au vingtième siècle...

J'ai un public. Un public qui en prend plein les mirettes. Un pauvre petit public ému jusqu'aux larmes, oubliant sa misère pour ne souffrir que la mienne.

Je suis parti pour la grande tirade. Quand les taciturnes se mettent à déblatérer, ils rattrapent d'une seule traite le temps perdu.

Il pourrait durer des heures, mon réquisitoire, sans l'arrivée du toubib. Depuis quelque temps, l'état de santé de ma femme l'inquiète et il a pris l'habitude de venir deux ou trois fois par semaine, sans qu'il soit besoin de l'appeler.

Il entre.

Silence.

Médusé, cloué sur place, le comédien ! Séché ! Pétrifié, le geste en suspens !

Je sais bien qu'avec lui ça ne prendrait pas. Il me fout le trac, ce taureau de cent vingt kilos, depuis le soir qu'il m'a, en deux mots et une pression de main sur le biceps, arraché à mes nuages pour me recoller sur le globe.

Il a dû m'entendre depuis le couloir.

« Alors, dit-il, ça ne va pas ? »

Il s'est assis, les deux coudes sur la table, et j'ai soudain l'impression désagréable qu'il s'est installé là pour me juger. Me disséquer.

Pesant comme un entracte sans applaudissements, le silence s'éternise.

Le géant a posé une question, il attend la réponse. Il me regarde. Il regarde ma femme. Il regarde les gosses.

Sans un mot, Françoise se dirige vers la cuisinière. Elle retire du seau à charbon la lettre froissée, la déplie avec soin et l'étale sur la table devant le médecin.

Il la parcourt des yeux, puis nous regarde un instant l'un après l'autre

« Evidemment, dit-il très calme, c'est un sale coup. »

Posant sa large patte sur le papier qu'elle recouvre presque entièrement, il reprend en élevant la voix :

« Et vous alliez la foutre au feu ? Mais, tonnerre, elle vaut encore du pognon, cette lettre ! Chômeur ! Je sais, c'est pas le Pérou ce qu'ils donnent, mais c'est mieux que rien. C'est toujours bon à prendre en attendant de retrouver une place. Et puis, vous conservez les allocations familiales et le droit aux assurances sociales. S'agit pas de déconner, hein ? Faut aller te faire inscrire demain. »

Ah ! toubib ! Ce que je te dois !

Le lendemain, dès l'ouverture des bureaux, j'étais en troisième position dans la file des chômeurs. Le bon géant ne s'était trompé que sur un point : nous n'étions pas domiciliés sur le territoire de la ville de Lyon et je pouvais seulement obtenir mon inscription à titre de chômeur non secouru. A défaut d'assistance pécuniaire, nous conservions le bénéfice des allocations familiales et des assurances sociales.

En outre, le docteur m'avait dressé une liste de quelques-uns de ses amis qu'il croyait susceptibles de m'embaucher. Bien que n'ayant aucune envie de retrouver si rapidement du travail, j'allai les voir dans la crainte qu'il ne leur téléphonât pour s'assurer de ma bonne volonté.

Partout je fus reçu courtoisement et évincé avec force formules de politesses et promesses de m'écrire.

Toute la journée, j'ai couru la ville. La bise se gaussait de mon imperméable râpé jusqu'à la trame. Je grelottais. Dès mon troisième échec, j'avais acquis la certitude que je ne courais aucun risque d'être em-

bauché, mais je voulais épuiser la liste le jour même
pour ne pas être dans l'obligation de revenir le lendemain. Je voulais pouvoir dire, en rentrant, que j'avais
fait l'impossible. C'était une corvée, il fallait aller jusqu'au bout.

La liste n'était pas longue, mais les gens que je devais voir se trouvaient dispersés aux quatre coins de
la ville et le manque d'argent ne me permettait pas de
prendre le tramway. La matinée se passa assez bien
ainsi que le début de l'après-midi. J'allais, soutenu
par l'idée de ma liberté retrouvée; cette liberté dont
ma femme et mes gosses risquaient de crever mais
qui me permettrait d'écrire à longueur de journée.

Quand la nuit arriva, j'eus soudain le coup de
pompe. J'en avais marre. La faim, le froid, la fatigue;
j'étais vidé. Je marchais dans le seul but d'épuiser la
liste. De biffer le dernier nom.

Faut-il que j'en arrive à un tel degré d'épuisement
pour devenir enfin, en apparence, un homme comme
les autres ?

Ce soir-là, mon découragement était tel que j'en venais à souhaiter que l'on m'embauchât. Accepter n'importe quoi pour en finir. Après... on verrait bien.

Mais, pour trouver, il faut vouloir. Vouloir du travail et non vouloir se débarrasser d'une corvée. Il
faut avoir une réelle envie de travailler. Se présenter
avec l'allure d'un homme qui cherche du travail et
qui se sent capable de remplir une tâche.

On embauche un homme, on n'embauche pas une
loque.

Or, j'étais une loque ! Le froid qui m'obligeait à
rentrer la tête entre les épaules, à enfoncer mes
mains dans mes poches, devait recroqueviller cette loque et lui enlever le peu de virilité dont son aspect
pouvait encore donner l'impression.

Se redresser. Faire face à la bise et s'oxygéner les poumons un bon coup avant de tirer une sonnette d'une main qui ne tremble pas, voilà ce qu'il eût fallu faire. Le faire dès le matin, au départ. Démarrer avec, bien enfoncée dans le crâne, l'idée que la vie d'une femme et de deux gosses sont l'enjeu de la journée.

Mais non. Rien.

Un imperméable flottant sur un semblant de carcasse voûtée avec, émergeant à peine du col relevé, une tronche violacée, des yeux larmoyants, une bouche qui s'entrouvre à regret pour demander :

« N'auriez pas du travail pour moi, monsieur ? Je viens de la part du docteur Un tel... »

Embaucher ça ? Il faudrait être marteau. Avoir envie de saborder son entreprise !

Pourtant, bon Dieu, la femme, les gosses, ils ne me quittaient plus dans ma demi-inconscience. Durant les dernières heures de la soirée, ils sont restés collés à moi. Leurs visages maigriots et pâles flottaient dans la lumière des rues. Ils étaient présents, mais je ne pensais pas à eux comme il aurait fallu le faire. J'avais trop pensé à ma peinture, à mon bouquin commencé et qui m'attendait. J'avais trop considéré cette course dans la ville comme une perte de temps. Cette course à la recherche d'un travail qui me ferait encore perdre mon temps.

Et c'est seulement maintenant que je comprends. Je suis persuadé que si j'avais eu, ce jour-là, la volonté de rythmer mes pas au son des paroles du toubib : « Ta femme est foutue... Ta femme est foutue... », j'aurais trouvé du travail, j'en ai la certitude.

Comme tu devais attendre mon retour, Françoise, seule avec tes deux petits !

Si je n'ai pas suffisamment pensé à vous ce soir-là,

aujourd'hui, du moins, je vous imagine sans peine.

Tu sens revenir les jours tragiques, tu tardes à allumer la lampe pour économiser un peu. Pas à pas, venue du fond de la pièce, l'ombre s'avance. Elle se coule insidieuse et faussement timide tout au long des murs. Elle dérobe un à un les objets et cerne lentement le carré de jour terne qui meurt dans l'encoignure de la fenêtre. Dehors, le crépuscule de janvier livre à la nuit le village désert. Le roulement sourd d'un train, très loin; la plainte du vent; c'est tout.

Les enfants s'avancent vers toi.

« Dis, maman. Tu nous racontes une histoire ? On ne voit plus assez clair pour jouer. »

Tu n'as pas grande envie, aujourd'hui, de raconter une histoire. Pauvre Françoise, ta tête est trop lourde de soucis.

Raconte va ! Raconte pour tes petits, pour toi aussi. N'as-tu pas le droit, une fois de temps en temps, de t'évader un instant de ce vaste bourbier où nous végétons ? Les enfants sont là, suspendus à tes lèvres. Captifs de la nuit, ils attendent la lumière de tes paroles. Ils ont déjà si peu de joie, ces gosses !

Tu recules ta chaise près de la cuisinière où un charbon avare se consume sans bruit. Au-dessus, un confetti corallin tremblote au plafond. La bouillotte geint en sourdine. Frédéric grimpe sur tes genoux et Robert, assis sur son petit banc, appuie sa tête contre toi. Ce n'est qu'ainsi, n'est-ce pas, que l'on raconte bien des histoires ? Dans la pénombre, les mots des vieilles légendes gardent mieux la couleur du mystère. Les arbres centenaires des forêts insondables dissimulent la réalité crasseuse et les héros, que nulle clarté n'effraie plus, renaissent de la nuit. La musique fluide des mots cent fois répétés va vivre.

Dans les campagnes du Jura, les soirées d'hiver sont longues et les légendes ne manquent pas. Elles ont bercé ton enfance sans jouet. Ta mère te les a racontées souvent, entre chien et loup, par des soirs tout pareils à celui-ci alors que vous attendiez au coin de l'âtre le retour de ton père qui traînait les cafés. Et ces légendes, ces mots que tu vas dire ont bercé mon enfance gâtée. Je les connais; je les tiens moi-même de ma mère...

Raconte, Françoise ! Laisse les mots tisser entre toi et la vie le voile miraculeux des secrets du passé. Tu n'es plus une femme; tu n'es plus une maman; tu es une petite fille. Tu ne parles pas, il n'y a qu'une chanson monotone, à peine nostalgique qui flotte autour de toi. Elle chassera bientôt le silence oppressant de ton attente. Elle meublera la nuit de la maison, comme ça, toute seule... Toi, Françoise, tu écoutes.

« Imaginez, mes petits, un pays très beau. Des montagnes toutes bleues de sapins et qui vont loin, très loin, l'une après l'autre. A leur pied coulent des rivières blanches d'écume propre comme de la neige. Oh ! pas la neige que vous voyez ici ! Non, de la neige sans un grain de poussière et blanche, blanche... avec du soleil qui ne la fait pas fondre... A côté de ces rivières qui jasent sur le gravier et grondent entre les rochers, il y a de tout petits villages. Quand on les voit du haut des monts, on dirait des jeux de construction tout neufs...

— Tu as vu ça, toi, maman ?

— Bien sûr, mon petit. Tu verras aussi. Nous irons... Un jour.

— Quand est-ce que nous irons ?

— Tais-toi, Frédéric. Laisse maman raconter.

— Donc, au pied des montagnes bleues, il y a des

torrents et aussi d'immenses lacs. Des lacs bien plus grands et plus beaux que le Rhône. Et verts le matin; et bleus le jour comme le ciel; et sombres le soir; et noirs la nuit comme de l'encre. Ils sont profonds aussi. Tellement profonds qu'en certains endroits on n'a jamais pu savoir jusqu'où ils vont.

« Or, il y a fort longtemps, vivait, près d'un de ces lacs appelé le lac de Bonlieu, un cavalier toujours monté sur un magnifique cheval blanc. Ce cavalier était vêtu d'une pelisse d'hermine et portait un casque d'argent luisant ainsi que mille diamants. Il était chaussé de grandes bottes rouges aux éperons d'or fin. Comme les aigles et les vautours qui sont de grands oiseaux vivant seulement dans les montagnes, il pouvait voler d'une cime à l'autre. Il se promenait sur son cheval qui galopait dans le ciel plus haut que les nuages.

« Quand arrivait le soir, fatigué de ses longues chevauchées dans l'espace, le beau cavalier venait se reposer dans la forêt. Il attachait son cheval à un rocher tout proche du lac et le cheval s'abreuvait d'eau fraîche et broutait les herbes de la rive. Bon et doux comme son maître, il prenait bien garde de ne pas poser ses sabots sur les fleurs des prés. En se promenant sous les ombrages, le cavalier rencontrait parfois des jeunes gens venus là pour fuir le bruit et les méchantes gens de la ville. Pour leur permettre de s'éloigner encore davantage, le cavalier les prenait en croupe sur son blanc coursier qui s'envolait aussitôt. Les fiancés traversaient alors le ciel infini et s'en allaient très loin, sur une étoile où tout est merveilleux.

« Hélas ! par un soir de novembre, alors que les vents déchaînés hurlaient dans la forêt en tordant les branches des arbres bleus, alors que les oiseaux de

nuit criaient déjà leurs plaintes lugubres, le bon cavalier s'endormit sur un lit d'herbes sèches. Une bande
de chats noirs envoyés par le diable se mit à danser
en miaulant au pied d'un vieux sapin. Ces bêtes fu-
rieuses se jetèrent sur le cavalier et le dévorèrent. Le
cheval blanc, effrayé, rompit sa longe et s'envola seul
dans la tempête en hennissant de peur.

« Et c'est ainsi que maintenant encore, aux soirs
d'automne où le vent est maître du ciel, on peut...

— Mais, tonnerre, vous n'y voyez rien là-dedans ! »

Ces mots, fichés comme des lames dans la tiédeur
intime de la pièce, et la lumière indécente ont tué le
coursier blanc.

Le ciel n'est plus derrière les vitres qui ne reflètent
que l'ampoule électrique dans toute sa dureté qui fait
mal.

D'une seule voix, les enfants ont crié :

« Papa, et l'histoire qui n'était pas finie ! »

J'ai froncé les sourcils, Françoise. Je t'ai regardée
méchamment.

Le rêve, tu comprends ? Les chimères, les personnages de légende, les héros d'un monde où l'on n'a pas
besoin de bouffer, les héros comme ceux de mes romans, c'était de ça qu'on crevait.

Peut-être y avait-il aussi dans ma colère une pointe
de jalousie. Pendant que je courais la ville à la recherche de la pâtée, toute la nichée s'était permis de
piétiner dans le domaine que je m'étais réservé...

J'ai grogné, oui. Et, vois-tu, sans m'en apercevoir,
c'était, en fin de compte, surtout contre moi que je
m'insurgeais.

« Encore tes vieilles légendes. Je t'ai déjà défendu
de bourrer la cervelle des gosses avec ces conneries.
Ça leur fait travailler l'imagination inutilement. Tu fe-

rais mieux de leur apprendre à compter. Ça leur serait plus utile. »

Et peut-être ai-je ajouté, reprenant sans m'en rendre compte les paroles de mon père :

« Les rêves, ça ne fait pas bouffer. »

XI

Non, Françoise, les rêves ne nourrissent pas. Tu es là pour en témoigner. Tu es là avec tes trois petits qui ont grandi malgré la faim, malgré la maladie, malgré les orages qui éclatent quand l'atmosphère est trop dense, surchargée de rancœur, électrisée par de perpétuelles déceptions.

Car, au plus sombre des jours, après le plus brutal rappel à la réalité, j'ai toujours espéré. Mes rêves insensés se coagulaient en espérance. Ils se cristallisaient jusqu'à devenir pour moi des lendemains imaginés. J'avais acquis la certitude de vous préparer un avenir mirobolant. S'il m'arriva quelquefois de sentir de quel prix je vous le faisais payer d'avance, je n'eus jamais le sentiment de vous voler; de tricher avec votre espérance.

Il y a dix ans, si l'on m'avait ramené sur terre une bonne fois comme on vient de le faire tout à l'heure, nous n'en serions pas là. Je n'accuse personne. Je le répète : je suis seul responsable. C'est à moi qu'il appartenait de juger. De savoir comprendre que je m'égarais. Je n'ai pas réfléchi au croisement. Je me suis embarqué dans un chemin réservé à d'autres, trop cahoteux, trop abrupt. Un chemin sur lequel je n'avais pas le droit de vous entraîner.

On peut accepter la misère pour soi. La préférer à l'opulence si telle vous paraît la voie qui vous conduira au but, car ce ne sont pas toujours les routes les plus faciles qui mènent où l'on veut aller. Mais il faut avoir le courage d'entreprendre seul le voyage. Or, je n'ai pas su t'éloigner de moi quand il en était encore temps. Si je l'avais fait, j'aurais souffert en découvrant que je t'aimais. Je t'ai appelée pour moi, alors qu'il eût fallu te repousser pour toi. Pour que tu puisses, seule ou avec un autre, vivre la vie pour laquelle tu étais née.

Je t'ai appelée et de notre amour sans bonheur, de notre union sans joie, des petits sont nés.

Le plus navrant, c'est que vous êtes seuls à souffrir vraiment. Toi, Françoise, tu te cramponnes désespérément, refusant de lâcher prise, aveuglée par le tourbillon de poussière trompeuse que je soulève. A force de regarder cette poussière toute dorée du soleil encore brûlant de ton amour pour moi, elle devient un mirage. Ce mirage t'attire. Tu cours. Tu iras ainsi jusqu'au jour où tes jambes rompues refuseront de te porter.

Alors tu t'écrouleras.

Le mirage persistera, entretenu par ton amour, mais tu sauras que l'on peut mourir d'un mirage.

Il sera trop tard. Car tu découvriras que tes petits mourront d'un pareil espoir. D'un pareil espoir déçu. Et tu me maudiras. D'un seul coup tu te mettras à me haïr autant que tu m'aimes à présent.

Non, petite Françoise; non, mes enfants au ventre creux, mes rêves ne vous ont pas nourris.

On ne se relève pas aisément d'une enfance comme la vôtre. Si l'on parvient à s'en tirer, on en conserve la marque. Vous n'aurez pas à montrer les cicatrices de mes coups, votre mal à vous sera plus profond, mieux dissimulé, mais plus solidement ancré aussi.

Je sais que pour se battre avec cette garce de vie, il faut une santé de fer et un moral forgé sur l'enclume de la réalité avec tout ce qu'elle doit comporter d'indispensable joie saine. Vous ne posséderez pas la confiance nécessaire pour engager le combat. Vous serez le chien battu qui rase les murs, creusant l'échine. Vous n'aurez connu de la vie que son côté le plus noir; vous aurez été marqués de son sceau indélébile.

La tendresse incommensurable de votre mère et son infatigable dévouement ne peuvent pas suffire.

Il n'est pas de résurrection spontanée. On ne renaît pas du néant absolu. L'enfance est malléable, elle est la période d'enseignement et le seul enseignement valable en matière d'existence est l'exemple. L'enfant s'éduque par la vue et, dans le vide, la vue se perd.

Votre sens des valeurs sera faussé, car la valeur primordiale pour l'enfant est la vie. Or, la vie c'est avant tout se nourrir.

Pour toi, Françoise, si l'expérience a moins d'ampleur dans ses conséquences — car tu n'attends déjà plus rien — du moins en aura-t-elle autant dans la douleur qu'elle te cause pour la seule raison que ton jugement va plus loin. Tu as des points de comparaison, car si tu n'espères plus, tu ne peux te garder de te souvenir. Et tes souvenirs sont des souvenirs d'espoir, et ton désir actuel, persistant au mépris de toutes les chutes, est que tes enfants puissent encore espérer.

Or, vois-tu, ce qui m'est le plus douloureux dans cette nuit de retour, c'est de savoir que je m'en vais vers un être en qui j'ai tué le goût de la vie. Je sais que tu t'efforces de tenir afin de lutter pour tes fils et pour moi. Ton corps de trente ans est trop usé déjà pour aspirer encore à la jouissance. On ne jouit pas d'exister dans la souffrance. En m'acceptant, tu as perdu à jamais ton droit à ta vie de femme, tu n'as plus que ta vie d'épouse et de mère. C'est énorme. Je sais. Mais c'est injuste et insuffisant. Il n'y a pas de bonheur parfait dans l'iniquité et l'indigence.

Si je souffre tant aujourd'hui, c'est peut-être encore par orgueil. Moi qui me piquais de psychologie. Moi qui me targuais de savoir plonger au tréfonds de l'âme de mes personnages, je viens de m'apercevoir que la plus élémentaire des clairvoyances m'a jusqu'à présent fait défaut. J'inventais des personnages compliqués, à ma mesure, pour le seul plaisir de les disséquer à coups de plume et je n'accordais pas un regard à ceux qui partageaient mon existence.

Le peintre à lunettes noires, voilà ce que j'étais.

Ce soir, je ne suis plus le peintre ni l'écrivain, je suis l'homme qui vient d'ouvrir les yeux sur le désastre. Sur les ruines fumantes de l'incendie allumé par sa négligence.

Enfin, je vois. Et c'est là mon mal. Car il est bien vrai que la clairvoyance gâte toutes les joies. Je m'aperçois que j'ai toujours vécu dans la joie que je me fabriquais au détriment de la vôtre. J'ai côtoyé votre misère en refusant d'en prendre ma part.

Ton malheur, Françoise, et celui des gosses constituent la seule œuvre que j'aie réussie depuis que nous sommes ensemble.

Je retrouve dans tes yeux ce bleu tenace des monts de ton Jura natal. Ce bleu qui tourne au vert, le soir, quand il s'abreuve à la source lumineuse des lacs si profonds qu'un peu de jour y demeure, comme oublié, bien après le crépuscule. Tu as les yeux couleur de ton pays, et c'est pour moi un reproche. Tu meurs

d'avoir quitté ce pays. Ce fleuve qui a fait ma joie
ronge ta vie. Il écrase ton corps de tout le poids glacé
de ses brumes sournoises. Et, si tu l'aimes malgré
tout, c'est parce que tu sais que je l'aime. J'en ai rempli notre maison et, durant tes heures de solitude,
c'est lui qui te parle de moi à travers mes toiles. Je te
trompe avec ton bourreau ! C'est classique. Commun.
Tout le monde a vu ça, mais pas de cette façon.

Avec lui j'ai parfois de longs entretiens. C'est toujours moi qui prends l'initiative. Je n'interroge pas.
Je ne lui demande pas conseil. Au contraire : quand
je viens à lui, c'est souvent avec l'intention de rompre. Je dis :

« C'est fini. Je vais foutre le camp. Aller ailleurs,
n'importe où. Là où tu ne seras pas. Là où Elle
pourra vivre; là où Ils pourront vivre tous et me reprendre à toi. Sous un climat plus clément où coule-
ront des eaux moins ensorcelantes. »

Je lui parle ainsi longtemps. Il ne répond pas. Il
est comme une fille très belle et qui sait n'avoir pas
besoin de parler pour retenir son amant.

C'est le matin. Le Fleuve s'éveille pendant que je
parle. Lentement, il laisse glisser hors de son lit le
voile mauve de l'aube. Etirant mollement ses chairs
engourdies offertes à la caresse du soleil neuf, il attire mon regard. Le soleil monte entre les peupliers
de l'autre rive. Il fait de leurs feuillages baignés encore d'un reste de vapeurs légères, une infusion de lumière. Se détachant de la colline, il pique en plein
cœur du courant son premier trait de feu. C'est le
premier clin d'œil de l'hétaïre. Honteux, l'homme dé-
tourne la tête. Il marche jusqu'au bout de la rue sans
sourciller. Il ralentit. S'arrête. Il se retourne et revient sur ses pas, histoire de rigoler. D'éprouver sa
volonté dont il se croit sûr. La fille, instruite de lon-

gue date sur le comportement de ces hommes tous pareils, s'avance jusqu'au bord du trottoir. Son parfum frôle l'homme, s'attache à lui pour le suivre. L'homme qui est retourné jusqu'au bout de la rue ne songe plus à éprouver sa volonté, il revient encore une fois en se donnant l'excuse qu'il lui faut reprendre son chemin interrompu. Retirée cette fois dans la pénombre d'un porche, la fille entrouvre son peignoir... De l'homme il ne reste plus que le mâle. Il ne faut qu'un pas à la fille, au moment précis où l'homme passe, pour qu'un sein blanc émerge de l'ombre.

Ainsi le fleuve a ses détours, ses pudeurs savamment calculées. Au moment précis où je vais m'éloigner, d'un coup d'épaule la colline hausse devant le soleil un nuage égaré. L'ombre envahit la vallée. Je crois avoir gagné et me retourne naïvement pour jouir de mon triomphe.

C'est ce que le fleuve attendait.

D'un souffle il soulève la paupière du ciel. Le trait de feu renaît plus intense, plus pénétrant.

Ebloui, je me tais.

Maintenant, c'est le fleuve qui chante. Il ne parle pas, lui. Il étale son corps de félin et il enfle la voix.

Cloué sur place, j'écoute. Je ferme les yeux un instant. C'est tout ce que je puis faire pour tenter de m'échapper. Mais, immanquablement, quand je le fais il n'est plus temps. La lumière est trop vive déjà, elle perce mes paupières.

Et puis il y a cette chanson. Maintenant, le fleuve me tient à sa merci. Ses charmes étalés m'ont fasciné. Je suis la proie hypnotisée, facile à dévorer. Alors, il consent à parler.

Ce que peut dire une vague banale heurtant une roche, personne ne voudrait le croire ! Ce n'est pas la peine d'essayer de le raconter. Un fleuve parle fleuve, il ne parle pas homme; le langage fleuve ne se traduit pas.

Cette nuit, ma lucidité me permet enfin de comprendre pourquoi ce langage ne se traduit pas et pourquoi une traduction parfaite, si elle était un jour possible, ne dirait rien d'intelligible aux autres. La raison ? Elle est simple : le Fleuve ne m'a jamais dit que ce que j'ai bien voulu lui faire exprimer. J'ai été présomptueux au point de me croire l'unique détenteur du secret de son langage. Or, il ne s'agissait en fait que d'un détour emprunté par ma vanité pour mieux me perdre. Ce murmure d'une vague heurtant une roche eût certainement dit cent autres choses à cent autres hommes. L'eau ne nous reflète jamais que notre propre image. L'écho des vastes peupleraies ne m'a jamais renvoyé un autre son que celui de ma propre voix à peine déformé, adouci, superficiellement embelli, mais non enrichi par son voyage.

Et voilà que, dans ma détresse, j'en viens à brûler ce que j'ai trop aimé. Ce Fleuve que je n'ai pas su regarder comme un simple fleuve, ce Fleuve-Dieu je le rabaisse ce soir, au rang de fille de joie. Si cette comparaison peut paraître absurde, je sais pourtant qu'elle a pour moi une signification précise : incapable de créer le bonheur sous mon toit, je suis allé prendre mon plaisir au fond de cette vallée comme d'autres vont l'acheter à une fille.

Il m'a fallu dix ans d'aveuglement ponctués d'un magistral coup de pied au cul pour me faire entendre cette vérité première, simple comme deux et deux. Mais, deux et deux c'est la réalité. Or, la réalité et moi, précisément, ça fait deux ! La réalité est tangible et moi je n'ai voulu croire vrai que ce que j'imaginais, refusant d'admettre l'existence de ce que je tou-

chais du doigt à longueur de journée. Pour toi, Françoise, la réalité c'est une chose noirâtre, répugnante,
dont la viscosité n'a de lisse que la face extérieure,
celle sur laquelle ma main glissait sans adhérer. De-
dans, elle était de glu. La réalité, pour toi, c'est la misère, tes enfants et toi, le tout ne faisant qu'un.

Après ma première place, cette tentative manquée,
ce faux pas vers le réel, cet échec provoqué par
l'« étincelle de génie » dont devait naître mon premier roman, il a fallu repartir de zéro. Nous étions si
peu éloignés du point de départ initial que la chute
n'a pas été bien terrible. Elle devait d'ailleurs nous
être salutaire en ce sens qu'elle m'avait permis de
constater que je n'obtiendrais jamais la tranquillité
nécessaire à l'accomplissement d'une œuvre quelle
qu'elle fût tant que nous pataugerions dans ce cloa-
que.

En dépit de nos prévisions pessimistes, un des employeurs auprès de qui m'avait recommandé notre
médecin, m'écrivit. Il me proposait, pour commencer
disait-il, un emploi de gratte-papier dans les bureaux
de la compagnie d'assurances dont il dirigeait l'agence
de Lyon.

Ce doit être une tradition chez les employeurs de
recevoir les nouveaux embauchés avec des promesses
d'avancement. Dès mon arrivée, le directeur m'expli-
qua qu'un poste de maîtrise allait être vacant très
prochainement et que rien ne m'interdisait d'y accéder. Et ce businessman termina sa petite exhortation
par ces mots :

« Dans la vie, pour arriver, il ne faut pas craindre
d'être ambitieux. »

Ambitieux ? Pauvre monsieur le directeur, je gratte
du papier sous vos ordres depuis des années, sans

avoir changé ni de chaise ni de grade. Manque d'ambition ? Non. Détrompez-vous. Mon ambition passait bien au-dessus du bureau ministre que vous m'offriez dès mon arrivée, elle enjambait votre fauteuil directorial, elle sautait à pieds joints celui de votre patron pour aller bien plus haut, bien plus loin... Tellement loin...

Hé ! oui monsieur le directeur, tous les bureaux se ressemblent et les murs de la société où je « travaillais » auparavant ne différaient des murs de vos bureaux que par la couleur. Mais, moi, pour ce que j'en fais, gris ou beige, vous savez... Je vous assure que les personnages de mon roman n'ont pas souffert du tout de ce changement de décor. Ils ont admirablement tenu le coup sans être le moins du monde dépaysés. Ils sont comme moi : ils ont de grandes facultés d'adaptation...

Le salaire non plus ne subissait aucun changement; les fiches de paie avaient beau passer du blanc au rose, le chiffre qu'elles portaient s'en tenait scrupuleusement au minimum vital fixé par la loi. Comme le travail n'était guère plus difficile, j'ai estimé qu'il était préférable de ne pas courir une seconde fois le risque de tout perdre. Juste ce qu'il fallait pour ne pas être « remercié », mais pas assez pour être récompensé. Voilà comme je l'entendais.

Au moment où j'y fis mon apparition, le service était en pleine effervescence. Tous mes collègues sans exception trimaient à qui mieux mieux dans l'espoir d'obtenir ce fameux poste de maîtrise. Un salaire qui passe du simple au double avec des possibilités d'amélioration pour l'avenir, ça vaut la peine de se décarcasser quelques mois. Cela m'amusait de les voir se regarder en chiens de faïence tout en rivalisant de politesse. (Quand on ne sait pas lequel sera nommé, il est indiqué de se tenir bien avec tous.) Je n'étais pas dans la course. J'observais avec quelque condescendance ces tristes sires dont l'idéal n'allait pas au-delà d'une place de chef de service. Je n'irai pas jusqu'à prétendre qu'en bûchant, j'eusse été capable de les enterrer tous, mais, pistonné par le médecin, j'avais mes chances. Le directeur me l'avait fait comprendre très adroitement. Seulement, je ne voulais pas faire l'effort, le tout petit effort de quelques semaines qui m'était demandé. Non que l'effort en soi m'effrayât, mais il me paraissait inutile tant j'étais persuadé que mon séjour dans cette maison n'était qu'un passage. Une situation provisoire en attendant l'aube du jour depuis si longtemps souhaité.

Ce fut le moins intelligent des candidats qui triompha. C'était le plus travailleur. J'avais ri chaque fois que je l'avais vu emporter chez lui une serviette bourrée de dossiers et de documents. Etre assez borné pour faire des heures supplémentaires non payées !

Moi aussi, je travaillais le soir, le samedi, le dimanche. Mon roman, mes tableaux, mon Fleuve. Moi aussi je préparais l'avenir. Moins immédiat peut-être, mais combien plus alléchant qu'un malheureux poste de chef de service !

Mes quarante heures par semaine derrière des vitres dépolies me laissaient moins de temps pour rêvasser au bord de mon Fleuve, alors, aussitôt de retour à la maison, je m'enfermais avec lui dans mon atelier. Françoise vivait plus seule que jamais. Elle devait sentir combien me pesaient mes heures de bureau, elle évitait d'en parler. Il faut dire que nous n'étions ensemble qu'au moment des repas.

Et quand je dis ensemble...

Dans mon « œuvre picturale », je n'avais réservé à

Françoise qu'une place de vendeuse. Pour que ma prose pût être proposée à un éditeur, il fallait qu'elle fût dactylographiée. Comme mon salaire ne me permettait pas de m'offrir une secrétaire et que je n'avais pas le temps d'apprendre à me servir d'une machine à écrire, il ne restait qu'une solution qui me sembla fort naturelle.

Quant à Françoise, qui se jouait du temps, ce surcroît de travail ne l'effrayait pas. Bien au contraire, elle voyait là un moyen de se rapprocher de moi. Vaillamment, avec son inaltérable sourire, elle se mit à tapoter. A faire des gammes sur cette vieille machine que nous avions louée en prélevant chaque mois la somme nécessaire sur ma maigre paie. Pour se faire une idée de ce que ce travail représentait pour ma femme, il suffit d'imaginer un terrassier de trente ans, arthritique par surcroît, dont un abruti voudrait faire un virtuose du piano. Utopie ? Eh bien, non ! Ma femme y est arrivée. Ses mains de travailleur de force aux articulations ankylosées par le mal ont réussi ce prodige. Du moment qu'elle l'accomplissait pour moi, aucune tâche ne pouvait lui sembler au-dessus de ses moyens.

Au début, c'était dur de contraindre à cette gymnastique ses doigts raidis par le mal. Elle y passa des nuits entières, mais elle y arriva.

Elle n'avait pas affaire à un patron indulgent. Je ne tolérais aucune erreur. Pour une faute de frappe, un mot oublié, je déchirais la page.

« Va moins vite si tu veux, mais, nom d'un chien, fais-le convenablement ! Si ça te déplaît, dis-le, je m'arrangerai autrement. »

Elle s'excusait, recommençait sans jamais élever la moindre objection. Je n'admettais personne dans mon atelier. Françoise besognait à la cuisine en surveillant la cuisson du dîner et les jeux des enfants. Pas une fois elle ne me fit remarquer qu'elle était obligée de se hâter pour pouvoir faire son ouvrage; non, elle préférait prendre sur son sommeil. En somme, loin de la rapprocher de moi, cette nouvelle tâche n'était qu'une raison de plus de recevoir des remontrances.

Un soir, en rentrant, je vis à son regard qu'elle avait quelque chose à me demander. Elle m'embrassa aussi fort que d'habitude, mais avec une certaine gêne. Sans rien dire, je pris place à table. Nous mangeâmes en silence. Dès la dernière bouchée avalée, je me dirigeai vers mon atelier. Au moment où j'allais entrer, Françoise se planta devant la porte. Levant vers moi des yeux suppliants, d'une voix à peine perceptible, elle dit :

« J'ai fait une énorme sottise. Je sais que tu vas me gronder. Tu peux me battre, je ne dirai rien, je le mérite.

— Te battre ? Mais tu es folle, on dirait bien que ça m'est déjà arrivé. »

Elle était au début du neuvième mois de sa grossesse. Je ne sais si réellement elle redoutait ma colère ou si ses nerfs étaient ébranlés par son état, mais, d'un seul coup, elle fondit en larmes comme une gamine.

« Enfin, Françoise, explique-toi. Je ne vois pas pourquoi tu as peur de moi. »

J'étais satisfait du chapitre que j'avais écrit la veille et, de bonne humeur par exception, je sus trouver les mots pour la consoler. La tête appuyée contre mon épaule, elle sanglota encore un moment, puis, osant à peine sourire, elle consentit à expliquer :

« Ce matin, j'ai voulu faire un peu de ménage dans

ton atelier. Je n'ai pas fait attention. J'ai renversé ton encrier sur la table.

— Nom de Dieu, mon bouquin ! »

Je me précipitai, Françoise me suivit.

« Il n'y a que trois pages qui ont été touchées.

— Que trois pages ! Evidemment, pour toi, trois pages c'est une rigolade ! »

Je regardais les trois feuilles uniformément bleues, avec seulement deux ou trois mots rescapés sur les bords.

« Ça, pour du beau travail, c'est du beau travail. Tu peux te flatter d'avoir réussi un joli coup. Et c'est justement ce chapitre dont j'étais si content. Bien sûr, trois pages; tu parles, trois pages... Mais, espèce de tête de bois, je t'ai pourtant assez rabâché que je ne voulais pas que tu mettes les pieds dans mon atelier. Tu le sais, hein ?

— Mais, mon petit, j'ai essayé...

— Tais-toi. Il n'y a pas à chercher d'excuses. Tu ne feras jamais que des conneries. C'est malheureux, tout de même ! Un gosse en ferait autant, on lui foutrait une bonne raclée et il ne l'aurait pas volée. »

Ma colère montait. J'avais déjà oublié ses larmes.

Presque livide, Françoise chancela et s'affaissa sur une chaise. Ma fureur tomba d'un coup. J'ai toujours été désemparé, affolé à la vue d'une personne qui s'évanouit. Je me précipitai et la pris dans mes bras. Elle avait laissé aller sa tête en arrière, ses bras pendaient; les lèvres serrées, elle respirait à peine. Je courus à la cuisine et, rapportant le pot à eau, je lui mouillai le front et les tempes.

Je ne sais ce que dura son évanouissement : une minute, peut-être deux, mais j'eus le temps de la voir morte. De me voir seul avec deux gosses sur les bras.

Enfin, elle entrouvrit les yeux. Ses lèvres se desserrèrent :

« Mon petit... C'est toi, murmura-t-elle. C'est rien. N'aie pas peur. Ouvre la fenêtre. »

J'ouvris la fenêtre et revins vers elle. Le vent de nuit entrait, collant sur son front moite des boucles de cheveux.

« Françoise, pardonne-moi. Je t'ai fait peur. Mais tu comprends, j'ai eu tant de mal pour écrire ces pages. J'ai eu peur de ne pas pouvoir les récrire aussi bien.

— Non, ce n'est pas ta faute. Je ne sais pas ce qui m'a pris, une faiblesse. »

Soulevant péniblement sa main, elle me montra d'autres feuilles posées sur la table, en ajoutant :

« Tiens, regarde. J'ai essayé de les recopier, mais il manque beaucoup de mots. »

Il manquait des mots, en effet. Pourtant le principal y était.

« Enfin, comment as-tu fait ? On ne voit rien sous les taches ?

— En les appliquant contre la vitre, par transparence. Ça n'était pas facile, tu sais. J'ai mis longtemps... J'avais tant de peine d'avoir gâché ton travail en te désobéissant... »

Elle était encore très pâle, mais déjà elle avait retrouvé son sourire.

XII

Si retiré que l'on vive du monde qui vous entoure, on
en a toujours quelques échos. Des conversations en-
tendues par ma femme dans les magasins, des propos
tenus par des ouvriers prenant le même train que
moi m'avaient appris qu'il se tramait de louches ma-
chinations au sein du conseil municipal de la commune. Deux ou trois personnages importants venaient
de mettre sur pied un projet de construction d'une
route dont la réalisation devait leur rapporter des
sommes rondelettes. Par contrecoup, ce projet menaçait de mettre sur la paille quelques pauvres bougres
sans défense. Ces personnages dépourvus de scrupules
affamant des malheureux pour s'enrichir, le tout baigné par l'atmosphère si particulière du Rhône,
m'avaient fourni le sujet de mon roman.

Il ne restait que quatre chapitres à dactylographier
quand notre troisième fils vint au monde. Je pestais
contre ce retard et Françoise me consolait en me disant :

« Dès que je serai de retour à la maison, je taperai
ce qui reste à faire; tu verras que notre petit Daniel
nous portera bonheur. Je suis persuadée de la réussite. Alors nos misères seront finies. Tu verras comme

nous serons heureux quand tu pourras enfin peindre et écrire en paix. »

Tu étais sincère, Françoise. Profondément sincère. Tu avais en moi la même confiance, la même foi aveugle que ma mère.

Tapé en six exemplaires, le manuscrit fut expédié à six éditeurs avec six fois ta bénédiction.

Les premiers jours, j'étais détendu. Presque gai. J'allais jusqu'à jouer avec les enfants et proposer mes services pour les travaux du ménage.

Les plus grands Génies — quand ils en ont le temps — ne craignent pas de prendre part aux besognes les plus matérielles !

« Repose-toi, mon chéri, disait Françoise à peine remise de ses couches. Tu l'as bien mérité. Quand ton livre sera édité, tu auras beaucoup de soucis nouveaux. »

Une semaine s'écoula ainsi dans un calme idéal qui donna peut-être à Françoise un aperçu de ce que doit être l'existence des femmes qui ont un mari « comme tout le monde ».

Cette détente ne devait pas s'éterniser. J'attendais un télégramme que je m'étais plu à imaginer ainsi rédigé : « Monsieur, vous êtes un écrivain formidable. Stop. Votre livre est un chef-d'œuvre. Stop. Venez de suite. Stop. Vous aurez certainement le Goncourt. Stop. »

La deuxième semaine, je ne tenais plus en place. Les enfants, qui s'étaient déjà habitués à ma bonne humeur, me regardaient avec des yeux hébétés quand je les repoussais brutalement.

« Foutez-moi la paix, vous m'énervez. J'ai autre chose à faire que de m'amuser avec vous ! »

En fait, je ne faisais rien d'autre qu'attendre. Miette par miette, mes rêves s'effritaient.

« Ne t'impatiente pas ainsi, disait Françoise, il faut leur laisser le temps de lire ton manuscrit. Ils doivent en recevoir bien d'autres.

— Ça, pour en recevoir, ils doivent en recevoir, oui ! Et de belles conneries encore. Mais tu verras qu'ils me le refuseront. Je te dis que, sans piston, on ne peut rien obtenir dans ce milieu-là. »

Toi, Françoise, tu parvenais à cacher ton impatience. Et pourtant tu avais autant de raisons que moi d'espérer, et d'une autre importance. Tu étais payée pour savoir que mon dépit finirait toujours par retomber sur tes petits et sur toi.

Après deux mois de fièvre entrecoupés de silences et d'orages, les manuscrits revinrent. Ils arrivèrent à la queue leu leu, en port dû, annoncés même par de petites lettres polies et toutes rédigées sur le même modèle. La première me fit hausser les épaules. A la deuxième, je lâchai quelques injures avant de me coucher sans souper. La lecture de la troisième me porta à une colère telle que Françoise ne savait plus comment m'annoncer les suivantes.

Inlassable, toujours d'humeur égale, elle me répétait sans cesse des mots d'espoir, des paroles d'apaisement.

Enfin, quand la sixième lettre arriva, ce fut l'effondrement. Huit jours sans ouvrir la bouche. Un regard dur ou fuyant, glacial ou honteux pour répondre à sa tendresse, à son désir ardent de me consoler; à son envie de m'insuffler le courage de recommencer. Cette envie qu'elle n'osait pas encore exprimer par des mots mais que ses yeux me criaient chaque fois que nos regards se rencontraient. Et si parfois j'éprouvais de la gêne à affronter le regard de Françoise, cela ne provenait pas de ma nullité consciente. J'étais encore trop sûr de moi, mais j'avais le sentiment que mon prestige s'effondrait. Je ne parvenais plus à me hausser pour la dominer. Et pourtant, maintenant, quand par la pensée je revois ses yeux, je m'aperçois qu'ils n'ont jamais exprimé qu'admiration et amour pour moi.

Trois semaines plus tard, toujours persuadé que mon livre était bon, j'eus l'idée de l'adresser à deux critiques parisiens. Ce fut une nouvelle période d'attente, d'espoir, de mauvaise humeur aussi.

Je ne pouvais plus peindre ni écrire. J'étais abattu. Je n'avais plus que quelques soubresauts d'énergie; juste assez pour gueuler à propos de tout et de rien. Pour tromper l'attente, il m'eût été aisé de passer mes loisirs en compagnie de ma femme et de mes gosses. C'était là une solution trop simple. Malgré mon besoin de réconfort, je repoussais les élans de Françoise et la tendresse spontanée des enfants.

Chaque fois que je me sentais à la limite du désespoir, c'est vers le Fleuve que j'allais. Je demeurais des heures immobile sur la rive. Ecroulé, le dos contre une roche, je laissais le soleil m'engourdir, m'assommer. Le Fleuve ne me parlait plus. J'avais le sentiment d'être seul, abandonné. Trahi par tout le monde. Souvent, aussitôt arrivé près de Lui, c'est à toi Françoise, que je pensais. Je n'évoquais jamais ta misère, encore moins ma culpabilité. Je pensais à toi, simplement... comme ça... une image... Un visage de femme. Et ce visage de femme venait toujours dessiner son sourire sur la vague au moment où je commençais à sentir une force invincible monter du Fleuve et m'attirer. Je suis persuadé maintenant que s'il n'y avait pas eu ce sourire entre l'eau verte et la loque que j'étais, je me serais laissé attirer par cette force. Attirer définitivement.

Tu vois, Françoise, tu es celle qui a sorti de l'eau la

bête qui la mordra. La bête qui risque de vous tuer, toi et tes petits, à force d'égoïsme. La bête qui tue sans avoir jamais ressenti le désir, l'envie de tuer. La bête qui tue parce qu'elle est aveugle et ne voit pas qu'elle frappe.

J'attendais. Tu attendais aussi, Françoise, et ton espoir demeurait intact, ta confiance absolue, tandis que je ne parvenais plus à me défendre contre l'idée que mon livre comportait quelques défauts.

Mais alors, qu'ils le disent, bon Dieu ! Qu'ils s'expliquent. J'ai quelque chose dans le ventre, quand même ! Ça doit se sentir, il me semble !

Elle allait venir, l'explication. Après trois interminables mois.

Le samedi, je ne travaillais pas. Je passais invariablement ma matinée derrière la fenêtre de mon atelier à guetter le facteur. Quand il s'arrêtait devant chez nous, je descendais en courant. Prospectus, réclames, notes de l'E.D.F., avis de passage pour le denier du culte... Des âneries, quoi !

Un matin, pourtant, l'un de mes manuscrits me revint. La lettre qui l'accompagnait était brève. Trois lignes. L'estocade nette, sans bavures, bien assenée :

« Monsieur, votre livre ne vaut rien. Vous perdez votre temps... Salutations. » Ou quelque chose d'approchant.

De quoi ramener sur le globe le plus indécrottable des chasseurs de nuages. Mais ces coups-là piquaient mon amour-propre. C'était trop sec, trop franc. Cela m'incitait tout de suite à supposer que le gars n'avait pas pris la peine d'ouvrir mon bouquin.

« Salaud ! Au moins, il ne s'est pas cassé la tête celui-là ! Pas un qui me dira pourquoi il n'en veut pas. Pas un qui prendra la peine de le lire ! »

Je ricanais en tendant la lettre à Françoise. Sans

mot dire elle se dirigea vers la maison. Quelques instants après, elle me rejoignait dans la cour où je m'étais assis sur un banc. Elle me tendit deux feuillets de calepin couverts d'une écriture fine et serrée.

« Tiens, dit-elle, lis. Tu verras que ton livre n'est pas si mauvais que ça. Tu verras qu'il y en a au moins un qui l'a lu. »

Sa voix s'efforçait de traduire une allégresse que démentait l'expression craintive de son regard. Prenant les feuillets, je regardai tout de suite la signature. C'était le second critique. Avant de demander une explication, je lus. En quatre pages on m'exposait ce que je venais d'apprendre en trois lignes : mon livre ne valait rien. Mais cette fois le coup portait mieux. On me donnait des raisons. De nombreux détails prouvaient que mon livre avait été examiné attentivement. Je perdais le bénéfice du doute. Ma condamnation était si clairement motivée que je n'avais plus la ressource de m'insurger contre « les crétins qui ne s'occupent que des pistonnés ». On me privait du moyen auquel j'avais toujours recours pour me soulager : les lamentations du pauvre bougre mésestimé par ses contemporains enfermés dans leur indifférence. Cela n'empêchait pas ma colère. Au contraire, plus solidement fondée, elle montait, sourde et douloureuse. Je serrais les dents. Si cette lettre m'avait été remise, je ne l'aurais pas montrée à ma femme. Ces quatre pages me mettaient trop bas. Elles étaient trop chargées d'arguments irréfutables, malgré la courtoisie de savantes réserves.

Françoise n'avait dû retenir que les réserves. Que ces phrases d'encouragement : « Continuez. Il faut persévérer et ne pas se laisser rebuter par un échec. Il existe des exemples célèbres... »

« Tu vois, mon grand. Celui-là a lu ton livre, au

moins. Il te dit qu'il contient de bonnes choses; qu'il faut continuer. »

La date ne m'avait pas frappé tout d'abord. Voulant relire, je revins au début et vis que cette note avait été écrite quinze jours plus tôt.

« Mais, bon Dieu ! D'où sors-tu cette lettre ? »

Françoise se troubla. Son sourire fondit en une moue anxieuse.

« Je l'avais gardée... Je préférais attendre l'autre. Si elle avait été meilleure. »

Cette réponse bredouillée m'apporta un peu de soulagement. Enfin, on me donnait une raison de gueuler. On ouvrait les vannes à ma colère.

« Est-ce que tu te rends toujours compte exactement de ce que tu fais ? Alors, j'attends. Je suis là à me morfondre et toi, depuis quinze jours, tu caches cette lettre. Voilà ce que tu fais de la confiance que j'ai mise en toi ! C'est bien. Je te remercie. Mais puisque c'est ainsi, à partir d'aujourd'hui je t'interdis d'ouvrir mon courrier, tu entends ! Je t'interdis !

— Je n'ai pas ouvert... C'est...

— C'est quoi ? »

Se retournant prestement pour me cacher la rougeur de son visage et le trouble de ses yeux, Françoise fit un pas vers la maison. Brutalement, je la saisis par le bras et l'obligeai à me regarder.

« Françoise, tu me caches quelque chose !

— Lâche-moi, tu me fais mal.

— Non, je ne te lâcherai pas. Je veux savoir. »

Je serrais davantage ses bras. Mes pouces crispés écrasaient ses muscles qui roulaient sur ses os frêles. Ma colère ne m'aveuglait pas, je sentais que je lui faisais mal. La secouant violemment, je criai :

« Tu n'es qu'une sale petite menteuse, tu entends ?

Une menteuse. Je vois que tu me caches quelque chose... Parle ! Je veux que tu parles. »

Elle ferma les yeux, ses mâchoires se contractèrent et deux rides profondes se dessinèrent de chaque côté de sa bouche. Deux larmes fluèrent entre ses paupières closes. Un instant accrochées aux cils, elles tremblèrent avant de tomber sur ses pommettes. Sans émoi je suivais leur cheminement hésitant tout au long de ses joues creuses.

Autour de nous, l'été odorant respirait faiblement. Sur le visage de Françoise, c'était deux gouttes de lumière blonde qui coulaient.

« Lâche-moi, je t'en supplie. Je te dirai... »

Gardant mes mains fermées autour de ses bras, je desserrai un peu mon étreinte. La souffrance peinte sur son visage ne m'avait pas apaisé. Je voulais savoir.

« Parle. Tu ne vois pas que tu me feras crever avec tes histoires. »

D'une voix sans timbre, me fixant de ses yeux singulièrement vides, elle parla :

« La note que tu viens de lire n'est pas arrivée par la poste. C'est le critique qui l'a apportée.

— Hein ! Quoi ? Ce n'est pas vrai !

— Si tu veux savoir, laisse-moi parler. Il est venu... un matin... pendant que tu étais à Lyon. Il partait en vacances, dans le Midi... avec sa femme. Comme c'était sur leur chemin, il a préféré rapporter le manuscrit... Il pensait te trouver là. »

Je n'avais pas lâché ses bras. Serrant à nouveau, je me mis à crier :

« Et tu ne m'as pas téléphoné ! C'était pas long pourtant, d'aller jusqu'à la poste. C'est pas possible que tu sois si bête. Bête comme je n'ai jamais vu ! La flemme d'aller jusqu'au village. Ton avarice de paysanne qui ressort, hein ? Economiser trente balles de téléphone. »

Je ne sentais pas le ridicule, le grotesque de mes paroles. J'avais trop soif de blesser.

« Lâche-moi. Si tu savais comme tu me fais mal ! »

Je savais, Françoise. Je savais que tes os rendus sensibles par l'arthrite te faisaient mal à hurler au moindre choc. Et je continuais de serrer. De serrer graduellement comme le bourreau tordant la corde du garrot. Le métier de tortionnaire ne s'apprend pas, c'est un Art. On est doué ou on ne l'est pas...

Il faut te dire, Françoise. Te dire... C'est dur, tu sais. J'avais peur de lâcher tes bras. Je ne voulais pas les lâcher... Il fallait que je serre quelque chose. J'aurais serré n'importe quoi... Ta gorge, peut-être...

Comme tu devais avoir mal !

Si j'en crois la terreur de tes yeux, je devais être hideux à voir.

Il n'y avait plus d'été autour de nous. Le silence.

Dans ce silence, un silence de femme effrayée. Puis un souffle : des mots rapides, hachés.

« Il était pressé. Il ne pouvait pas t'attendre. Même en téléphonant. Il a regardé tes toiles. « Très bon... » Il a dit : « Très bon... » »

Mes mains s'étaient ouvertes. Elles retombèrent le long de mes cuisses, agitées de tremblements convulsifs; ivres encore de l'envie de serrer.

« Très bon... »... Il a dit... « Très bon ! » »

En répétant ces mots, Françoise oubliait déjà ma brutalité. Sa voix était moins sourde. Ses yeux reprenaient vie.

L'ombre du tilleul se peuplait d'oiseaux invisibles.

Je m'étais calmé un peu, mais cette façon qu'avait Françoise de répéter ces mots : « Bon, il m'a dit que c'était bon », m'agaçait.

« S'il les trouvait si bien que ça, il fallait lui en offrir une.

— Il n'a pas voulu.

— Il est resté combien de temps ?

— Je ne sais pas; une demi-heure à peu près. Le temps de parler un peu et de rédiger sa note.

— Et tu n'as pas été foutue de le retenir. L'inviter à bouffer. Je ne sais pas, moi, faire l'impossible pour que je puisse le voir... Ce que tu as dû lui débiter comme idioties ! Pas étonnant qu'il n'ait pas voulu rester.

— Je t'assure qu'il a eu l'air content de voir où nous étions. Il a dit que nous avions de la chance d'être dans un endroit si calme. Il m'a promis de s'arrêter en remontant, s'il n'est pas trop pressé... Il a bien regardé les petits aussi. Il les a trouvés beaux. »

Je haussai les épaules :

« Imbécile, va ! Qu'est-ce que tu veux que ça me foute ? C'est pas pour avoir son avis sur ma progéniture que j'aurais voulu le voir. Je suis persuadé qu'en y mettant de la bonne volonté tu aurais pu le retenir le temps que j'arrive. Ah ! s'il y en a qui peuvent compter sur leur femme, ce n'est pas mon cas. Sûrement pas, non ! »

Le ton de ma voix reprenant de l'ampleur, Françoise rentra dans la maison. Je grimpai l'escalier derrière elle sans cesser mes reproches et il lui fallut attendre le soir pour pouvoir me raconter en détail son entrevue avec le critique.

Ce matin-là, je t'ai injuriée, Françoise. Tu n'étais qu'une paysanne idiote et maladroite. Une souillon incapable d'autre chose que de garder les vaches et se faire faire des gosses qu'il me fallait élever. Tout le mal venait de toi. Je ne me gênais pas pour le dire.

Pour le gueuler. Pour vous maudire tous. Vous me preniez mon temps. Le meilleur de mon temps, je le passais à vous nourrir et je ne pouvais même pas attendre de toi le moindre service. Tu n'étais qu'une paysanne. Une paysanne bornée comme ma mère. Il ne s'agissait plus de moi, tout était ramené à toi. Tu étais responsable de la médiocrité de mon bouquin, de la brièveté de la visite du critique, des termes de sa note. Tu étais zéro. Un zéro collé après moi et qui me paralysait depuis dix ans.

J'avais laissé la porte de mon atelier ouverte et mes imprécations te parvenaient jusque dans la cuisine. Penchée sur ton baquet, tu noyais ton chagrin dans l'eau savonneuse d'une lessive.

Le travail est l'opium des gens comme toi. Mais, à force d'en user, on en crève.

Le soir, une fois les enfants couchés, dans notre chambre silencieuse comme une plaine après l'orage, avec des mots dont tu es seule à connaître le secret, tu entrepris de bercer ma peine. Tu avais déjà oublié, déjà pardonné.

Interrompant de temps à autre ton monologue pour m'embrasser et me serrer plus fort contre toi, tu cherchais les mots qui me redonneraient la foi. Avec ces mots d'amour tu distillais le poison de ta propre vie.

« Il faut recommencer. Il me l'a dit, ce monsieur. Tout n'est pas fini. Tu n'as pas le droit de t'arrêter. Tu sais que tu ne pourrais pas vivre sans cela. Et si tu ne veux pas le faire pour toi, fais-le pour nos petits, pour moi. Tu sais que nous attendons tout de toi. Je saurai t'aider. Tu verras. J'essaierai de mieux te comprendre. De ne plus jamais rien faire qui puisse te contrarier. »

Avant de venir me retrouver dans notre chambre, tu étais restée plus longtemps que d'habitude dans la chambre des enfants. C'était la fête au village et la musique des manèges les empêchait de dormir.

« Dormez. Soyez sages. Nous irons demain.

— Pourtant, maman, tu avais promis ce soir, à cause des barques avec les lampions sur l'eau.

— Mais papa est fatigué. On ne peut pas aller sans lui. Demain... »

Oui, chez nous c'est ainsi : le plaisir est toujours remis au lendemain. Un lendemain qui n'en finira jamais de foutre le camp, de sauter d'un calendrier à l'autre.

Les enfants avaient fini par s'endormir, bercés par les rengaines des chevaux de bois.

Maintenant, devant notre fenêtre ouverte la branche du tilleul balançait mollement un duvet de lune; les flonflons des premières danses nous parvenaient entre deux éclatements mats des fusées du feu d'artifice.

Le bal sur la place, Françoise. Comme dans le village de ton enfance.

Il y a dix ans, Françoise. Dix ans... Ton père était une brute, mais au moins quand il était soûl tu pouvais aller au bal sur la place...

Nous n'irons plus au bois, les lauriers sont coupés...

Non, Françoise, tu n'iras plus au bal. Les lauriers ne sont pas coupés, mais les printemps sont terminés.

Ce soir, tu as mieux à faire :

« Il ne faut pas abandonner. Il faut me promettre. Je sais que tu souffres, mais je voudrais tant te guérir. »

Oui, Françoise, ce soir-là j'ai souffert. Comme tous les orgueilleux quand on leur démontre qu'ils sont nuls. Et c'était fait. La démonstration était concluante. J'étais sur le point de comprendre. Toi, tu refusais d'admettre. Tu voulais m'empêcher de comprendre pour m'éviter de souffrir. Ces quelques mots de politesse d'un homme moins froid que les autres (ces mots que tu avais peut-être mendiés, qui sait ?), tu allais si bien savoir t'en servir, toi, la paysanne maladroite, qu'ils finiraient par éclipser tout le reste.

Il y aurait l'espoir. C'est tout.

Tu saurais fermer les yeux sur le bonheur que je te volerais encore comme tu as su, ce soir-là, te lever pour fermer la fenêtre à la nuit trop lourde de musique, au vent colporteur d'inaccessibles plaisirs.

Pendant trois semaines, tes bras ont porté la marque bleue de mes mains; tu l'as cachée sous des manches longues comme tu caches sous un sourire les blessures de ton cœur.

XIII

Sɪ cette déception n'avait pas entamé la conviction de Françoise, du moins me laissa-t-elle inquiet. J'avais le sentiment de ma responsabilité. Vague, pas aussi net qu'aujourd'hui, bien sûr, mais je l'avais déjà.

Seulement, cette responsabilité, Françoise allait s'employer à la prendre à son compte.

Sentant que j'étais sur le point de renoncer, elle se mit à me supplier, répétant sans cesse qu'après les encouragements du critique dont elle avait reçu la visite, je n'avais plus le droit d'abandonner.

Trop vide pour me remettre d'emblée à la tâche, je la laissai supplier durant des mois.

Ce qu'elle a pu déployer d'éloquence, montrer de persévérance, trouver de raisons nouvelles !...

« Je ne peux pas me faire à l'idée que tu ne peindras plus, que tu n'écriras plus, disait-elle. Si tu cessais d'être celui que j'ai connu, je ne pourrais plus t'aimer. »

Elle n'ignorait pas ce que pouvait lui rapporter mon vice, mais elle oubliait tout pour ne penser qu'aux joies qu'il me procurait. Alors que pour la première fois j'étais réellement sur le point de reprendre pied, c'était elle qui me repoussait vers le large. Elle qui n'avait jamais osé me tenir tête, s'acharnait.

Et, peut-être parce que j'étais momentanément sorti de mon rêve, je découvris qu'elle n'était plus la petite paysanne toujours prête à me suivre aveuglément dans n'importe quelle voie. La petite Cendrillon docile que j'avais enlevée sans peine à sa terre s'était, sans que je m'en aperçoive, métamorphosée en femme qui n'hésitait plus à dire non.

Peut-être aussi parce qu'elle me sentait trop abattu pour être capable de colère, elle osait enfin élever le ton.

Un jour que je prétendais ne plus avoir la foi, calmement, mais d'une foix ferme, elle répliqua :

« C'est possible, mais il suffira que tu te remettes au travail pour qu'elle revienne. Si tu renonçais maintenant, je serais tentée de croire que tu manques de courage et ça, c'est une chose que je ne pourrais pas te pardonner. Je m'étais promis de ne jamais t'en parler, mais c'est toi qui m'y obliges : il y a quelques années, j'ai douté de toi. Si je ne t'ai pas demandé d'abandonner à ce moment-là, c'était par crainte de te faire souffrir et parce que j'avais peur de me tromper. Aujourd'hui tout est différent. J'ai le pressentiment que tu touches au but. Si tu lâchais maintenant, ce serait une trahison. Tu as donné dix ans de travail, les enfants et moi nous en avons donné un peu aussi, et j'estime que tu n'es plus libre de choisir. »

Tu avais raison, Françoise; mais tu as eu tort de le dire. Après ce rude ébranlement, j'eus vite fait de retrouver la foi. Trop vite, peut-être. Car, fort de tes encouragements, j'allais repartir avec la conviction de travailler autant pour vous que pour moi.

Abandonnant les hommes répugnants de mon premier roman, j'en entrepris un deuxième. Cette fois, le

Fleuve serait le personnage principal. Il écraserait tout le reste. Il éblouirait de tous ses feux et balaierait dans sa fuite les hommes et leurs fragiles constructions comme de vulgaires fétus de paille. Mes personnages sans exception parleraient fleuve. Comme moi, ils entendraient le langage de l'eau vive. Ils se nourriraient des brouillards du Rhône qui baignerait l'action dans une atmosphère de rêve.

Je n'allais plus au bord du Rhône. Le temps me manquait. J'ouvrais ma fenêtre sur la vallée et j'écoutais le vent du sud me raconter sa course depuis la mer. Entre les feuillages frénétiques du tilleul, j'apercevais, brasillant au soleil, de la poussière de ciel tombée au fond de la vallée. Et le vent, inépuisable bavard, racontait, racontait à n'en plus finir. Ma plume prenait le rythme de sa chanson de jour en jour plus allègre, plus envoûtante, dissimulant la virulence de son poison sous l'apparence enchanteresse de ses parfums de renouveau. Ainsi bercé, emporté loin des miens, je noircissais des pages et des pages.

La note du critique me reprochait de mal écrire; d'aller trop vite; de ne pas descendre au fond des hommes et des choses. J'étais décidé à mettre des années, à reprendre sans cesse, à faire le chef-d'œuvre des chefs-d'œuvre.

A côté de moi, dans le même temps, sur la même planète, la vie continuait. La vie sans rêves. Mes incursions dans cette vie-là ne duraient que le temps d'ouvrir une porte pour réclamer le silence.

Françoise besognait, économisait sou par sou une paye toujours aussi maigre.

Les enfants grandissaient. L'école les mettait en contact avec le monde tel qu'il est. Le monde des autres. Des véritables vivants.

Ils devenaient curieux et s'étonnaient qu'une telle

différence existât entre leur vie et celle de leurs camarades.

Peut-être en souffraient-ils déjà ?

Ils posaient à leur mère des questions embarrassan-
tes :

« Dis, maman, pourquoi, nous, on va pas en vacances en auto comme les autres ?

— Mais, mon petit, parce que nous n'avons pas
d'auto.

— Et pourquoi papa n'en achète pas une ?

— Parce qu'il faut beaucoup d'argent et que nous
n'en avons pas assez.

— Alors, il faudrait en gagner beaucoup et on
achèterait une auto.

— Bien sûr, mon chéri, plus tard, quand tu seras
grand, tu travailleras bien et tu en gagneras beaucoup. Alors tu pourras acheter ce que tu voudras et
partir en vacances où tu voudras.

— Mais papa il est grand, lui; pourquoi il ne gagne
pas beaucoup d'argent ? »

Des heures ainsi. Souvent. Pour tout. Le cirque. Le
cinéma. La fête foraine...

A huit ans, on ne sait pas. On ne peut pas comprendre. Bien sûr, cinq minutes plus tard on va jouer
dans la cour avec ses frères. On oublie vite. Il y a les
fleurs des printemps. Le soleil des étés. Un tas de sable blond et chaud. Quelques billes. Les boules de
neige...

Mais pour une mère, pour toi, Françoise, avec le
souvenir de ton enfance de déshéritée, entendre tes
petits réclamer le plaisir dont ils sont privés; est-ce
qu'il est au monde une douleur plus atroce ?

Et souvent devant moi. En présence d'un père dont
les bras stériles ne peuvent qu'esquisser un geste
comme pour dire :

« Je n'y puis rien. Je suis ainsi. Il faut me prendre tel quel. Il faut faire comme votre mère, comme moi : continuer d'espérer. »

Il n'était plus question de trouver le courage de réagir; de s'ébrouer un bon coup pour jeter au diable une gangue de crasse; faire éclater une cuirasse d'indifférence; faire place nette en passant l'éponge sur ce piétinement dans le médiocre. Il ne s'agissait plus de prendre appui des deux mains pour un rétablissement vigoureux qui nous eût haussés d'une marche. Ce pas vers le commun, le normal que j'avais à peine envisagé m'eût semblé alors un retour en arrière. De nouveau, j'étais embarqué et, cette fois, je savais Françoise volontairement engagée à mon côté. Elle ne suivait plus, elle montrait la route.

J'étais si bien détaché du réel que Françoise me semblait seule responsable de l'engagement des gosses à notre suite.

J'avais repris la plume. Je travaillais. Sorti de là, il ne m'était plus possible de raisonner.

La Société devrait être en droit de châtrer tous les rêveurs. Leur ôter la possibilité de procréer. De faire des gosses qui traîneront leur jeunesse dans le sillage fienteux d'un père incapable de les élever au rang d'homme. Des gosses qui connaîtront la faim et subiront les manifestations d'une hypocondrie constante.

Plus tard, lorsqu'ils auront atteint l'âge où l'on se retourne pour sonder son enfance, ces gosses-là pourront JUGER.

Si les miens veulent prononcer une sentence, ce sera facile. Il leur suffira de dire :

« Tu n'étais pas un crétin. Tu avais eu une jeunesse heureuse, choyée. Tu possédais tout ce qu'il fallait pour nous donner notre dû, nous ne demandions pas plus. Tu ne l'as pas fait, tu n'as pas d'excuses.

« Quoi ? Tu t'es trompé ? Ce n'est pas une excuse. On n'a pas le droit de se tromper à ce point. Et encore moins de persévérer dans son erreur. Entre le désir de créer, la noble persévérance de l'artiste et l'entêtement stupide dont tu as fait preuve, il y a une limite : celle du bon sens, le sens commun. Tu ne devais pas la franchir. Tu n'as même pas le prétexte de l'avoir franchie sans t'en rendre compte, car tu n'étais pas si bête que ça. Si ton intelligence n'était pas suffisante pour te permettre de tracer ton chemin dans la voie que tu avais choisie, tu n'étais pas assez borné non plus pour être incapable de gagner, par un autre moyen, l'argent nécessaire à notre éducation.

« Il fallait bosser comme tout le monde. »

Soit ! Mais « comme tout le monde », voilà ce que je ne voulais pas être. L'orgueil. Toujours l'orgueil !

J'ai passé mon enfance à mépriser les paysans qui me gagnaient mon pain comme je devais, par la suite, mépriser ce que j'appelais le commun des mortels. L'homme de la rue ou du salon. L'homme qui ne crée pas une œuvre, qui ne porte pas en lui cette étincelle que je croyais porter.

Oui, mes fils, vous aurez le droit de me juger. Et, s'il est exact que l'on ne peut juger ceux que l'on aime, votre amour pour moi ne sera pas un obstacle, il ne résistera pas à l'épreuve d'un bilan sommaire de votre patrimoine. Si, au moment de votre libération, vous ne me tenez pas rigueur de vous laisser démarrer sans le moindre viatique pécuniaire, du moins ne pourrez-vous me pardonner la plus odieuse des spoliations : celle de l'amour paternel.

Et peut-être irez-vous plus loin encore.

Car le syphilitique conscient de son mal et qui fait un enfant à une fille est un criminel. Or, mon mal est pire que la syphilis !

A l'instar des enfants d'ivrognes dégoûtés de l'alcool sans y avoir touché, vous serez pris de nausées à la moindre évocation de ce qui confine à l'Art. Si l'un de vous portait en lui cette étincelle que j'ai vainement recherchée dans ma carcasse vide, il lui suffirait de revivre un instant de son enfance, de se remémorer le calvaire de sa mère pour être pris du désir de cracher sur cette braise. A vos yeux, la peinture et la littérature seront le chancre qu'il faut extirper au premier signe si l'on veut vivre. Elles seront un vice dont on peut crever et faire crever les siens; pas autre chose. Cette répulsion ira jusqu'à détruire en vous la sensibilité qu'il faut pour goûter l'œuvre de ceux qui sont grands. Vous deviendrez rigides, fermés à tout ce qui n'est pas concret. Votre diète ininterrompue n'aura laissé subsister en vous qu'une insatiable envie de manger. Je pourrai me vanter d'avoir mis au monde et élevé des estomacs. Et si, en dépit d'une santé délabrée, vous conservez un brin d'intelligence, elle se pétrifiera en logique glaciale. Vous, des êtres de mon sang, vous passerez à l'ennemi. Vous déserterez pour rallier la cause de la race que je déteste le plus : le matheux ! Vous deviendrez des réfrigérateurs à chiffres.

Et je vous aurai privés ainsi de l'une des joies les plus intenses qui soient.

Je ne cherche pas d'excuse, mais j'ai promis de tout dire. D'ailleurs, les tentatives que j'ai pu faire pour m'en sortir, loin de diminuer ma responsabilité, prouvent au contraire que j'en étais averti. Car j'ai cherché à me secouer. Vingt fois. Cent fois j'ai plié bagage,

emballé toiles et pinceaux, plumes et papiers. Vingt
fois, cent fois j'ai tout déballé en jurant à chaque
tentative qu'il s'agissait de mon dernier essai.
Je m'accordais des délais. Un mois, six mois, un an.

Serments d'ivrogne.

Après ce litre, je ne boirai plus ! Après ce paquet
de gauloises, je ne fumerai plus !

Ce n'est pas ainsi qu'il convient de procéder. Il faut
briser le litre, répandre le vin par terre et cracher
dessus, pisser dessus, se vider du poison. Brûler le
paquet de cigarettes et souffler sur le feu, au besoin
se roussir la gueule à la flamme.

Je n'ai jamais rien brûlé.

A dix-sept ans, j'ai écrit mon premier roman.
(Quand je dis que mon vice ne date pas d'hier !) J'ai
conservé le manuscrit bien rangé dans un tiroir. Je
n'ai jamais rien détruit de ma ponte ! Depuis quinze
ans, je traîne avec moi des malles bourrées de
« chefs-d'œuvre ». C'était ma mère qui avait corrigé
les fautes d'orthographe.

Ma mère avait prélevé sur son sommeil le temps de
corriger mes fautes. Il fallait qu'elle eût la foi, je
vous jure ! Et j'avais le toupet de lui dire que l'orthographe est la science des ânes ! Elle riait. Elle m'ap-
prouvait, cette vieille paysanne sans instruction, mais
douée d'une mémoire prodigieuse. Elle corrigeait sans
rien dire. Pour un peu, elle se serait excusée... Moi, je
n'avais plus qu'à recopier. Heureusement, il n'était
pas long ce premier roman, un cahier d'écolier. Ne
doutant de rien, je l'ai adressé au jury d'un prix litté-
raire. Pas plus !

Au bout d'un mois, il revenait sans lauriers, évidemment.

Quand le facteur l'a apporté, quand j'ai pris connaissance de la lettre qui l'accompagnait, c'est ma mère qui avait les yeux humides.

J'ai eu alors envie de déchirer le cahier. Pas pour rompre, j'étais persuadé d'être l'innocente victime d'une injustice, mais par amour du geste théâtral. En mettre plein la vue à la Vieille ! Au moment de le faire, ce geste imbécile qui risquait tout au plus de blesser ma mère en lui laissant penser que je souffrais, je me suis souvenu que les fautes n'étaient pas corrigées sur le brouillon que j'avais gardé. Je me suis contenté de jeter le cahier intact dans la caisse à bois, certain qu'une main dévote ne manquerait pas de le conserver précieusement.

Depuis, chaque fois que j'ai été déçu par une exposition, un poème, un roman, ma réaction a toujours été la colère. Et cette colère, c'est sur toi, Françoise, sur vous, mes enfants, qu'elle rejaillissait en reproches injustifiés.

Un jour, pour un motif que j'ai oublié, je me suis mis à hurler que j'en avais marre. Marre de vous, de la vie, des hommes, de tout.

J'ai décroché les croûtes pendues aux murs de notre appartement. Je les ai descendues en vrac dans la cour, j'ai pris une poignée de paille et une boîte d'allumettes.

Tu tremblais, Françoise ! Tu étais blême, plus pâle que le mur auquel tu t'adossais, griffant le crépi de tes ongles fébriles. Tu me regardais, l'air hagard, incapable d'un geste.

Ces toiles que tu chérissais parce qu'elles représentaient pour toi le meilleur de l'homme que tu aimes, ces toiles qui m'avaient coûté quelques coups de pinceaux et qui t'avaient coûté à toi des années de solitude, de misère, de privations; ces toiles allaient brûler. Faire un joli feu de quelques minutes dans la cour. Laisser un tas de cendres qu'éparpilleraient les pas indifférents des voisins et le vent.

Non. Mais non. C'eût été trop beau !

La flamme tremblotait au bout de mon bras indécis. Tu t'es jetée sur moi. Tu t'es agrippée à moi comme peut-être aucune femme ne s'est jamais agrippée à un homme. Tu t'es traînée à mes pieds, me suppliant à genoux de ne pas le faire.

Tu devais me l'avouer plus tard : tu as craint ce jour-là pour ma santé mentale. Un coup à te faire vieillir de dix ans en cinq minutes !

Et pourtant je n'étais pas devenu fou.

Si ma colère m'avait un instant aveuglé, au dernier moment, au moment de faire le geste irréparable, ma raison est soudain revenue.

Sans ton intervention, les toiles auraient brûlé. Pour une fois, mon amour-propre stupide aurait servi à quelque chose !

Oui, Françoise, au dernier instant j'ai compté sur toi, rien que sur toi pour me tirer de cette impasse.

« Non, mon chéri, pas ça ! Tu me ferais trop de mal. Je t'en supplie, ne le fais pas. Tout est de ma faute. C'est moi qui ai empoisonné ta vie. Je t'oblige à perdre ton temps pour nous nourrir. Si tu le veux, je partirai. J'emmènerai les petits. Je te rendrai la liberté dont tu as besoin pour travailler. Plus tard, quand tu auras triomphé, si tu le demandes, nous reviendrons. »

Dire que j'ai accepté d'entendre cela et que je suis encore vivant; avec moins de rides et de cheveux blancs que toi !

Car tu en as, Françoise, des cheveux blancs et de l'épuisement gravé en sillons ineffaçables sur ton visage de trente ans. Les reproches que tu te refuses à m'adresser te brodent une auréole d'argent. Tu n'as pas d'autres bijoux. Et chacun de tes sourires accentue les marques de ta peine. Ainsi ton corps m'accuse à ton cœur défendant.

Mais les petits, qui n'auront aucune raison de me ménager, pourront un jour me reprocher ouvertement la misère de leur enfance.

Car il n'y a pas que le pain sec et parcimonieux de certains jours. Il y a les punitions, les coups de gueule qui les clouent sur place, figés par la terreur. Je ne cogne pas, je sais. Je n'ai aucun mérite, je n'aime pas frapper. Ce serait préférable souvent. Une gifle s'oublie vite. Plus vite que les punitions d'une demi-journée qui n'ont d'autre but que de leur imposer silence.

J'ai besoin de silence pour pondre !

Quand, enfermé dans mon atelier, je les entends jacasser ou criailler pour extérioriser leur joie née de si peu; quand je suis resté des heures la tête entre les mains sans parvenir à coucher noir sur blanc l'idée insaisissable, j'attribue ma stérilité, mon impuissance à créer au vacarme qu'ils font.

Et pourtant, qu'y a-t-il de plus beau qu'un rire d'enfant dans le soleil ?

Alors le vilain diable jaillit de sa boîte. Je passe la tête par la fenêtre. Je gueule. Je préviens une fois, deux fois. Mais le sang du printemps est exubérant. Le besoin de vivre des gosses leur fait perdre toute notion de prudence. La joie reprend le dessus, elle ne s'accommode pas du silence et passe par-dessus la crainte. Le nuage qui ternit un instant le ciel n'empêche pas les oiseaux de chanter, il faut les mettre en cage.

La cage. La colle. La page d'écriture tout l'après-midi dans la cuisine, sous la surveillance de Françoise consternée. (Le Maître, le pondeur, a autre chose à faire !) L'après-midi dans la cuisine avec le ciel bleu derrière les vitres; le soleil qui fait un clin d'œil entre les branches :

« Alors, les petits amis. On ne vient pas jouer dans le beau sable de la cour ? On ne veut pas de ma caresse aujourd'hui ? »

Celui qui souffre le plus de mes accès de rage, c'est Frédéric, le deuxième. Doux comme une fille. Timide et rêveur. Affectueux et tendre. Constamment à l'affût du service à rendre, de la commission à faire. Comme si un trait du caractère, une ligne du visage, une attitude, un regard pouvaient suffire à attirer la malveillance, c'est sur lui que je m'acharne; lui, le rescapé, le sauvé de la mort par le dévouement de Françoise; lui, le vivant portrait de ma mère.

Il doit être exact que certains êtres portent en eux, dès leur naissance, leur propre malheur. Ce sont toujours les êtres les plus sensibles. Ils tendent un dos résigné à la tyrannie du despote qu'ils ne manquent jamais de rencontrer. Pour eux, le hasard se nomme guigne : « *Hors ceux-là qui sont nés sous le signe de Saturne...* » Oui, Saturne a fait bonne part à ce gamin qui m'appartient si peu et chaque jour j'ajoute un bon poids. Au fond, c'est logique : quand on veut faire du mal sans rater son coup, il est indispensable de prendre pour souffre-douleur l'être sensible.

Quelquefois, au paroxysme de mes colères, je trouve une ressemblance si parfaite entre les yeux de Frédéric apeuré et ceux de ma mère que j'ai l'impression qu'elle s'est dressée entre cet enfant et moi pour payer à sa place. Alors, c'est plus fort que moi, je double la dose, je gueule, je déclenche un déluge de punitions jusqu'à ce qu'il baisse enfin les paupières. J'ai eu souvent l'impression qu'une lueur de satisfaction filtrait dans ses prunelles embuées de terreur. La satisfaction de me faire oublier les autres. De prendre la totalité de leurs peines à son compte.

Ma mère réincarnée s'offrant en holocauste pour sa bru et ses petits-fils !

Je ne divague pas, j'ai eu cette vision; ce malaise qui me harcelait des journées entières sans me rendre meilleur. La colère vous plonge dans un état de demi-inconscience, et dans cet état les souvenirs fermentent, remontent du tréfonds brumeux de la mémoire. Réminiscence ridicule, le visage de Frédéric et celui de ma mère se confondaient pour n'être plus qu'une image retrouvée de mon premier livre d'histoire : les chrétiens dans l'arène.

Frédéric, sept ans, déjà une face de martyr !

Et cette nuit, parce qu'enfin j'ai compris que mes enfants sont des gosses, je suis envahi par des souvenirs de ma propre enfance. Ces années oubliées défilent devant moi pour me permettre de comparer. Le bercement du train m'emmène bien loin d'ici, dans une autre nuit d'hiver; une nuit si lointaine qu'elle me paraît d'un autre monde.

Le froid ne pénètre pas, il ne gèle pas les membres, il fouette mon visage de mille aiguilles tellement vivantes qu'elles finissent par vous réchauffer. Moi aussi, j'ai sept ans et dans huit jours ce sera Noël. Comme je ne crois plus au Père Noël, ce matin mon père a sorti le break de la grange. Pendant que ma mère m'habillait dans la cuisine bien chaude, je l'ai vu, dans la cour, graisser les moyeux et la mécanique. Il n'avait pas encore fini d'atteler la jument que déjà j'étais installé sur le siège. La route m'a paru interminable, de notre village à Lons-le-Saulnier, tant j'avais hâte de voir les merveilles dont ma mère m'avait parlé. Maintenant, c'est le retour. J'ai la tête pleine de tout ce que j'ai vu dans le Grand Bazar, où les jouets sont si nombreux qu'il faudrait des jours et des jours pour tout admirer. Qu'importe, j'ai fait mon choix ! Et dans le coffre du break, sous le siège où nous sommes assis tous trois, mon train mécanique dort dans sa boîte.

En passant sur la place Lecourbe, ma mère a demandé à mon père d'arrêter le cheval. Elle est descendue de voiture pour acheter un cornet de châtaignes grillées au petit marchand qui se frotte les mains en tapant des pieds à côté de sa locomotive miniature. Maintenant la jument va bon trot. Sa croupe large et luisante se dandine dans la lumière de la lampe à carbure que mon père vient d'éclairer au sortir de la ville. Je suis blotti entre mon père et ma mère. Nous avons sur nos jambes la grosse couverture de cuir sous laquelle une bonne tiédeur s'installe. Contre ma cuisse, je sens la chaleur des marrons que je tire un à un de ma poche, lentement afin qu'ils durent jusqu'au bout du chemin. Tout est très doux dans cette nuit froide, et les sabots de la jument sonnent gaiement sur le goudron entre les deux talus de neige qui bordent la route. De temps à autre, mon père tire un peu sur les guides en soulevant ses grosses mitaines de lapin qui lui font des mains de bonhomme de neige. Nous sommes trois, si parfaitement serrés l'un contre l'autre que le froid ne pénètre pas sous la capote de toile. Nous traversons la nuit, nous retournons vers une maison bien chaude où se prépare pour moi un merveilleux Noël.

Oui, Françoise, un Noël comme nos gosses n'en auront jamais connu.

Et ce soir, il est bien d'autres souvenirs de mon enfance qui remuent au fond de moi comme autant de reproches, avec chacun la force d'un symbole. Telle cette autre image d'un de mes livres d'école, si précise, si nette à ma mémoire que je pourrais la dessiner, où l'on voyait deux gamins en haillons, le nez collé à la vitrine d'un magasin de jouets.

Quand j'avais sept ans, cette image me faisait pleurer. Ma mère me disait :

« Tu vois, dans la vie c'est ainsi. Il y a de petits pauvres qui n'ont jamais de jouets. Tous les enfants ne sont pas gâtés comme toi. Il faut y penser... »

Des gosses qui dévorent des yeux les jouets d'une devanture !

Alors, les miens sont ainsi ?

A moins — mais ce serait terrible — qu'ils en aient déjà pris leur parti. Qu'ils ne regardent déjà plus ces trésors inaccessibles ?

Peut-être...

Car tu es fière, Françoise, de l'éducation de tes enfants quand une commerçante te dit :

« Vos enfants ne réclament jamais. Ils ne sont pas comme ces gosses qui font toujours des caprices pour avoir quelque chose. »

Ils ont certainement dû demander, mais à force de refus ils ont compris très vite. Pour eux, les bonbons, les jouets sont des objets qui font partie intégrante de la boutique. Des objets que l'on n'emporte pas. Qui sont là, comme ça, exposés dans le seul but de tenter.

Déjà, avant ce soir, j'ai eu des instants de lucidité. J'ai regardé ma décrépitude en face comme l'opiomane doit évaluer sa maigreur entre deux pipes et supputer les chances qu'il a de s'en tirer. J'ai eu des velléités sincères de me reprendre, de vous demander pardon à tous et de repartir du bon pied. Je puis affirmer que si je l'avais fait dans ces moments-là, ce n'aurait pas été du bluff; de la comédie. Mais je me sentais incapable de tenir. La drogue me guettait; plus forte que tout. Plus forte que vous, que moi. Plus forte que mon amour pour vous.

Car tu sais, Françoise, que je vous aime. Et c'est pour cela que j'ai tellement de mal à avouer ces horreurs.

On peut aimer deux êtres, deux choses à la fois, mais jamais (à moins d'être épouse et mère) avec une égale intensité. L'un est toujours favorisé au détriment de l'autre. Et vous, vous êtes l'autre. Vous êtes celui qui souffre d'être le moins aimé.

Les heures que je redoute le plus sont celles où je parviens à m'interroger. A fouiller méthodiquement jusqu'au fond de ma crasse. Je suis alors l'asthmatique toussant, raclant les glaires collées à ses bronches sans jamais parvenir à cracher son mal.

Il m'arrive de punir les enfants pour leur imposer silence alors que Françoise n'est pas là pour les surveiller. Je suis obligé de les installer dans mon atelier. J'ai devant moi trois petits dos ronds bien sages, trois nuques de gosses penchés sur la punition injuste. On n'imagine pas à quel point peuvent être émouvants trois dos d'enfants punis !

Je suis ému, oui. Ça peut paraître cocasse, mais c'est ainsi.

Je m'interroge :

« Tu es un salaud. Pourquoi punis-tu ces gosses ? Tu sais qu'ils ne le méritent pas.

— Pour leur imposer silence et pouvoir travailler.

— Non. Tu sais que tu ne pourras pas travailler tant qu'ils seront là parce que tu as trop le sentiment de ton injustice. Lève la punition. Embrasse-les. Renvoie-les au soleil. Ils en ont besoin davantage que d'apprendre à écrire. Et Daniel qui fait ses bâtons, approche-toi. Va te placer en face de lui, tu le verras tirer la langue et s'appliquer. Allons, un bon mouvement.

— Non.

— Pourquoi non ?

— Eh bien, parce que depuis des heures je peine sur une page blanche ou sur une toile qui ne veut pas venir. Il me faut un exutoire. J'ai besoin de me venger. Me venger, c'est le mot.

— Mais tu sais qu'ils n'y sont pour rien. Au contraire, leur fraîcheur, leur pureté devraient t'inspirer de belles choses, nobles et propres. »

Quelquefois, je cède. Rarement. Exceptionnellement.

Alors, ne comprenant plus ce qui leur arrive, une punition à peine commencée qu'on lève, un baiser bourru du père après une engueulade à vous faire rentrer sous terre, ils me regardent avec une telle lueur de gratitude étonnée que j'en ai les larmes aux yeux.

« Alors, pourquoi ne pas être bon constamment, ne serait-ce que pour être payé de retour ? »

J'ai dit exceptionnellement. Il faut croire que, ces jours-là, un bon ange endort d'un coup d'aile mon dépit. Etanche d'une larme ma soif de cruauté.

Un bon ange... Ma mère, peut-être...

Mais les autres jours (c'est-à-dire neuf fois sur dix), mon dépit et ma soif de cruauté l'emportent. Tellement hideux qu'ils effraient le bon ange.

Ces jours-là, les petits dos ronds restent penchés durant des heures sur la page de lignes, tandis que je continue de m'interroger :

« Rage de ton impuissance, ou bien haine, jalousie de la joie d'autrui ? »

Les deux à la fois sans doute. Avec, en plus, et surtout le désir de dominer. Faute de pouvoir dominer mes idées, de les plier au gré de mon pinceau, ou de ma plume, je me laisse lâchement aller à dominer, à plier sous ma férule des êtres sans défense.

Ces scènes me font monter à la gorge une saveur bilieuse, un écœurement comme si je mâchais mon fiel. Je n'en suis pas pour autant incité à plus de clémence et les petits dos ronds continuent d'écrire. Silencieux, effacés, ils osent à peine risquer un œil dans ma direction, pour voir, peut-être, si papa fait sa page lui aussi. S'assurer, en somme, que leur silence n'est pas inutile !

Pauvres gosses ! Si vous apprenez plus tard à quel point la paix que je vous arrachais était vaine; si vous êtes devenus des êtres dignes de porter le nom d'homme, vos petits dos ronds transformés en larges épaules de travailleurs honnêtes sauront retrouver le geste simple du rude paysan qu'était votre aïeul pour dire à votre père que vous ne lui devez que du mépris.

Je saurai me taire; je vous en fais le serment.

Je me tairai et ce sera justice, petits dos ronds, petites têtes inclinées auxquels je ne parviens pas à trouver la force de prouver que je suis capable d'aimer.

XIV

Dans mon deuxième livre, le Fleuve dévorait tout.
C'était voulu. Toutefois, ce que je n'avais pas voulu,
c'était qu'il m'engloutît par-dessus le marché. Il a fini
par m'avaler pourtant, me pulvériser d'une chiquenaude. J'étais trop éperdument amoureux de lui pour
m'en méfier et mon admiration m'empêchait d'être
clairvoyant. Celui qui veut s'empoigner avec le Rhône
doit être de sa force, c'est-à-dire une espèce de co-
losse. On ne peut pas peindre en face le soleil de
midi, il vous éblouit. Or, j'étais ébloui. J'en perdais la
vue, le sens de la mesure. La patte monstrueuse de ce
géant à la peau couleur de pernod bien tassé, en
s'abattant sur mon crâne, m'avait aplati. J'avais pris
une insolation de Fleuve.

Non content de m'avoir assommé, il poursuivait
sans répit son action corrosive sur le squelette de
Françoise. Mais, pour elle, le mal était d'un autre
genre, elle n'était pas assommée et conservait toute sa
lucidité pour en mesurer la progression.

Les rhumatismes, ça court les rues dans notre région. L'arthrite est le mal du pays. Tout le monde en
est plus ou moins atteint. C'est tellement répandu
que l'on n'y prête plus attention. Seulement les autres
se soignent. Ils font des cures, se reposent, prennent

des précautions. Broutille que tout cela ? Non. Il y a rhumatisme et rhumatisme. La radiologie avait révélé chez Françoise une scoliose que les médecins prétendaient de toute beauté. Le radiologue, qui avait photographié toutes les colonnes vertébrales du département, s'émerveillait :

« Je n'ai jamais vu une déformation aussi avancée chez une femme de trente ans. C'est formidable ! »

Notre toubib montrait moins d'enthousiasme. Il s'ingéniait à combattre le mal, mais il savait dérisoires les moyens dont il disposait pour soigner Françoise sur place. Il tâtait de tout : piqûres, rayons, élongations. C'était peine perdue. Tortures inutiles.

« Le terrain est affaibli, disait-il. Il faudrait le grand repos. Et sans attendre, encore ! »

Un jour, me prenant à part, il me déclara :

« Je ne veux pas chercher à te foutre la frousse, mais si vous ne partez pas de ce bled, ta femme ne tiendra pas dix ans avant d'être clouée au lit. Dans l'état où elle est, la tuberculose des os peut lui tomber dessus du jour au lendemain. »

Et, sachant ce que le Rhône représentait pour moi, il ajouta :

« Tu vois, le mal dont ta femme est atteinte est comme le fleuve : tant qu'il suit son cours normal, on ne s'en méfie pas; mais, dès qu'il pique une colère, il est trop tard pour construire une digue... Quant à tenter de l'arrêter dans sa course, tu sais très bien que c'est impossible. Crois-moi, mon vieux, il faut foutre le camp pendant qu'il en est encore temps. »

Quand j'en parlais avec Françoise, elle souriait.

Cependant, à mesure que les crises se faisaient plus fréquentes, Françoise prenait conscience de son état. Elle s'inquiétait des paroles du médecin, m'interrogeait sans cesse, persuadée que je lui cachais quelque chose. Un jour qu'une crise plus aiguë que les autres l'avait contrainte à s'aliter, je pris peur. Incapable de garder plus longtemps ce secret qui faisait de moi un homme pleinement responsable, j'eus la maladresse de lui répéter les prédictions du docteur.

Elle ne dit rien. Tournant lentement la tête, elle me regarda puis elle regarda les enfants. Ce fut tout. Jusqu'à la fin de cette crise elle ne reparla plus de cela.

Mais, dès qu'elle fut sur pied, avec une espèce de rage fébrile elle se mit à chercher un moyen de nous éloigner de ce pays. Chaque fois qu'elle avait la possibilité de faire garder les enfants par une voisine, elle se rendait à Lyon, effectuant démarche sur démarche pour tenter de me trouver un emploi dans une région moins humide.

Sachant fort bien que la perspective de ce départ m'effrayait, elle tentait de me tranquilliser.

« Bien sûr, me disait-elle, il n'est pas question de partir avant que ton livre soit terminé. Mais il vaut mieux s'y prendre dès à présent, car ce n'est pas facile de trouver à la fois du travail et un abri. »

Et parce que ses douleurs avaient momentanément disparu, elle ajoutait :

« Après tout, nous ne sommes pas à un an près. Les docteurs me voient peut-être plus malade que je ne suis. Si j'étais vraiment malade, je le sentirais. »

Pauvre Françoise ! Suffit-il donc d'un rayon de soleil pour te faire oublier les brouillards de l'automne ? Ces brouillards, qui durent des jours et des jours, pénètrent jusque dans les maisons où les tapisseries se décollent, boursouflées et molles. Tu marches les reins cassés comme une vieille. Tes mains te trahissent, laissent échapper tout ce que tu empoignes. Tu t'appuies aux meubles pour vaquer à tes occupations. Furtivement, tu essuies une larme que t'arrache un mouvement trop brusque... Et tu souris.

Tes doigts rappellent à s'y méprendre ceux de ma mère. Ma mère à soixante-cinq ans.

Une femme de trente ans rêve de toilettes, de sorties. Les plus humbles ouvrières s'offrent le cinéma une fois par semaine, le bal le samedi soir. Toi, depuis longtemps, ton rêve est une machine à laver. Avec trois gosses et vingt mille francs par mois, on ne va pas loin et jamais tu n'as consenti à nous imposer aucune privation.

Pour m'encourager, pour me faire croire que je travaillais pour toi, tu disais :

« Quand ton livre sera édité, quand il se vendra, tu m'achèteras une machine à laver et puis nous aurons plus de facilité pour quitter ce pays. »

Les mots si souvent répétés pour ma peinture :
« Quand tu vendras, quand tu seras connu... »

En attendant, tu avais la machine à écrire ! Tu frictionnais tes mains engourdies et tu te remettais à taper ma prose.

Au bureau, la plupart de mes collègues faisaient des heures supplémentaires. En pratiquant ainsi, Françoise, il m'eût été possible de t'offrir une machine à laver en huit mois. Je le sais, j'ai fait le calcul. Mais je n'ai fait que le calcul, le reste je n'en ai pas eu le courage. Il me fallait tout mon temps pour écrire ce roman qui allait me permettre de te payer une machine à laver et une bonne pour la faire marcher ! Et là, tu peux me croire, si mon livre m'en avait procuré les moyens, tu l'aurais eue, ta machine à laver. Je me l'étais juré.

Et le manuscrit est parti. Six exemplaires. Six éditeurs. Les plus connus. Je ne me mouche pas du pied !

Ah ! Françoise, le départ de ce manuscrit ! La machine à laver ! Le déménagement entrevu, la fuite devant la brume ! Le manuscrit ! Le chèque tiré sur l'avenir. L'hypothèque sur le capital-fleuve; sur ton capital-douleur. Dix ans de sacrifices ! Je parle de toi, pour moi il s'agit en vérité de dix ans de plaisir car je n'ai jamais souffert longtemps de mes échecs. Chaque fois le rêve reprend le dessus et je me laisse embarquer.

Recommencer d'attendre, d'espérer. Faire comme toi, garder son calme et sourire. Tu étais pleine d'entrain, Françoise, franchement gaie.

« Dix ans de mariage, mon chéri ! Tu verras, ce sera notre cadeau d'anniversaire ! »

C'était le printemps, le mal t'accordait un peu de répit.

Je me laissai aller dans ce bien-être que tu t'ingéniais à créer autour de moi, dans cette atmosphère de joie et de détente que tu savais à merveille entretenir. Et puis, j'étais si sûr d'avoir atteint mon but que je m'étais déjà remis à travailler. J'avais repris mes pinceaux et, le dimanche, nous allions tous au bord du fleuve.

Est-ce que ce n'était pas bon cette petite vie tranquille, cette douce somnolence dans l'attente d'un réveil illuminé de bonheur ? Dis, Françoise, est-ce que ça n'aurait pas pu durer encore un peu ?

La première expérience nous avait enseigné qu'il ne fallait pas attendre de réponse avant deux mois. Nous en avions pris notre parti.

Aussi, tu me l'as avoué depuis, quand la première lettre arriva tes mains tremblaient de telle sorte que tu ne parvenais pas à décacheter l'enveloppe.

Un mois ! Mais alors ça y était, nous avions gagné !

Non, Françoise, les maisons d'édition sont bien organisées. Tu ne pouvais pas le deviner, bien sûr. Ils avaient dû conserver mon nom sur leurs registres pour ne pas perdre deux fois leur temps avec un enragé du porte-plume. Un, deux, trois, quatre, ils revenaient tous, l'un après l'autre, à quelques jours d'intervalle.

Le soir, en rentrant, je n'avais pas à subir de choc brutal. C'était la pression de tes mains sur mes épaules, la douceur de ton baiser qui m'apprenaient la nouvelle. Tu avais passé ta journée à l'envelopper de tendresse, à l'adoucir, à en arrondir les angles avant de me la confier.

« Tu sais, celui-là, moi, je n'y croyais pas du tout. D'ailleurs, souviens-toi, tu l'as dit toi-même : ce que tu fais n'est pas dans le genre de cette maison. »

En parlant ainsi, tu ne risquais pas de te tromper. J'ai toujours pris soin de me ménager une sortie honorable et, à une variante près, j'avais dû répéter la même chose pour tous.

Fût-ce parce que j'étais réellement à bout de nerfs ? Fût-ce parce que je conservais malgré tout un espoir ? Pas une fois je ne me mis en colère. Je me contentais de repousser tes élans de tendresse et d'aller me coucher, désireux avant tout d'éviter les commentaires. J'en étais arrivé à ne plus pouvoir soutenir ton regard. Je redoutais d'y lire un reproche. Je ne me sentais plus de taille à lutter. Je craignais que la colère ne trahît ma faiblesse.

Je me bourrais de drogues pour dormir, ne plus penser. Non pas pour ne plus penser à mon échec, mais pour éviter de regarder l'avenir en face. Il était trop obscur. Trop fermé. Sans autre issue que le plongeon sans rémission dans la vie; la vie de tout le monde : mon cauchemar.

J'attendais la dernière lettre en souhaitant qu'elle ne vînt pas. Une fois que tout serait terminé, il faudrait vivre. Se décider à entreprendre une tâche qui pût nous sortir de la mouise. Partir, quitter le Fleuve pour te sauver. Cette idée que je repoussais me terrorisait. Elle me hantait, me collait aux trousses. Ne plus peindre; ne plus écrire; n'être qu'un homme. La hantise de toute ma vie, c'était ça ! Avec, par surcroît, la peur de quitter le Fleuve sans lui avoir payé ma dette. Car j'étais persuadé de tout lui devoir. Il m'avait permis de me découvrir. De travailler. De grandir.

Voilà où j'en étais arrivé !

A toi, Françoise, je ne devais rien. Ta jeunesse sacrifiée, ta santé délabrée; ta douleur de mère, je n'y songeais pas encore.

L'Art et le Fleuve, c'est tout.

Abruti par les somnifères, je m'endormais sur mon travail au bureau et passais mes journées dans un état de demi-sommeil. Mes yeux se fermaient. Je ne voyais plus le mur gris, mon merveilleux écran de projection. Cependant, sans que j'aie besoin de m'éveiller, des images défilaient. Ce n'était plus celles de jadis. C'était un toit moussu émergeant d'un fouillis de verdure; une allée fleurie; un clos derrière une grange; des lignées de ceps grimpant à l'assaut des monts bleus dans un fastueux tourbillonnement roux d'automne endiablé. Je ne commandais plus, les images s'imposaient. Des scènes se déroulaient devant ce décor de collines obstinément bleues... Bleues comme tes yeux, Françoise. Ce bleu des monts s'accrochait à moi, tenace comme une volonté de paysan.

Mais les Vieux, les miens étaient morts. Ils ne surgissaient pas de leur tombe. Et les personnages qui habitaient leur maison étaient bien vivants. C'était une fameuse vie que la leur, une belle réussite de vie.

Vous étiez là, les gosses et toi, avec des visages joufflus et bronzés, des gueules éclatantes de santé, fendues par des sourires de gens heureux. Vous viviez votre véritable vie.

Tu entends, Françoise, vous viviez !

Il y avait de paisibles veillées au coin du feu clair de ceps et de charmille; des printemps vibrant de cris d'enfants libres sous les pommiers; des étés aux parfums chauds de fruits et de moissons; des automnes avec le chant de fraîches vendangeuses, des grappes alourdies de soleil.

Il y avait de grandes lessives où la fontaine, dans un éclaboussement de lumière, mêlait les sonnailles de son rire aux bavardages des femmes. Des femmes jamais malades, des femmes aux mains habiles.

C'était un rêve, Françoise !

Le premier peut-être où vous preniez place, mais un rêve quand même.

On ne balaie pas dix ans d'erreur. La vie n'est pas un tableau noir et je n'ai pas tracé votre malheur à la craie.

Un rêve. Le rêve d'une réalité manquée !

Les coudes sur la table, la tête dans les mains, j'en étais là ce matin où l'on m'appela au téléphone.

« Hein ? Quoi ? Téléphone ? Moi ?

— Oui, vous, téléphone ! »

Mes collègues riaient : un employé qui se réveille en plein bureau à onze heures du matin...

Tout de suite, j'ai pensé à toi. Pas un instant je n'ai redouté un accident survenu aux enfants. Non, tu étais la seule qui pût me téléphoner, et toi, ça signifiait mon livre.

« Allô, oui, c'est moi, Françoise. »

J'entendais à peine.

« Oui, toi. Et alors ?

— Ça y est, mon chéri. Ton livre. Une bonne réponse. Tu veux que je te la lise ?

— Oui, c'est ça. Il faut me la lire... C'est pas une blague, au moins ?

— Oh ! Mon chéri ! »

Non, ce n'était pas une blague, simplement une lettre un peu plus longue que les autres. Un refus moins brutal, enveloppé de compliments.

A force de relire cette lettre, une seule phrase nous restait : « Si vous venez à Paris, passez me voir, nous parlerons de votre livre. »

Voir un éditeur. Prendre contact avec l'un de ces hommes que nous avions imaginés avec un visage d'ogre et des mains d'enchanteur. Quand on est doué pour le rêve, tout est matériaux à bâtir des châteaux en Espagne. Et pour le rêve, je suis doué.

Ce soir-là, un quart d'heure après mon arrivée, il n'était plus question de refus. La lettre était devenue une acceptation où l'éditeur formulait quelques réserves en attendant de me connaître.

Il fallait partir. Partir immédiatement. Si Françoise n'avait pas été là pour me raisonner, j'aurais sauté dans le premier train avec un billet de quai. Il ne restait qu'une semaine avant la fin du mois et nous ne possédions plus assez d'argent pour acquitter le prix du voyage.

« Tu ne peux pas partir ainsi, disait-elle. D'abord, tu dois être présentable et ta veste est toute reprisée. Il faut en acheter une autre. Il faut que tu aies un pull-over propre et chaud... Et puis, tu dois demander un congé à ton directeur.

— Le bureau, tu parles si je m'en balance ! Est-ce que ça compte à côté de ce qui m'arrive ?

— Je sais bien, mon chéri, mais il ne faut rien brusquer... On ne sait jamais...

— C'est ça, va me porter la poisse maintenant. Au moment où je touche au but, tu vas me dire de tout laisser en plan ! »

J'étais ravi et incapable de me fâcher. J'ai dû me rendre à tes raisons. Patienter une semaine. Trépigner. Sucer le temps seconde par seconde, interroger ma montre vingt fois l'heure, recompter les jours chaque matin.

L'éditeur disait aussi que si j'avais écrit autre chose, il aimerait en prendre connaissance à l'occasion. Autre chose ? De pleines caisses...

J'ai trié, sélectionné parmi tant de paperasses. Françoise ne chômait pas. Une semaine pour tout dactylographier et me tricoter un pull-over. Elle ne devait pas avoir le temps de regarder le réveil toutes les cinq minutes.

Si je l'avais exigé, elle eût fait dix fois, cent fois plus. Une semaine. Une semaine avec quelques heures de sommeil pendant que je me reposais en prévision de mon voyage.

Mais elle était heureuse. Heureuse de ma joie, heureuse d'espoir. Mon optimisme la gagnait. Pour l'aveugle à qui l'on donne la vue, la pénombre est éblouissante. Cette lueur à peine perceptible d'espoir, cet espoir que nous avions presque forgé nous-mêmes de toutes pièces, devenait une certitude. Il représentait pour moi la concrétisation d'un rêve de quinze années. Pour Françoise : le pas vers la vie. Elle ne songeait pas à la fin de nos misères, à sa guérison possible, à sa machine à laver, elle me voyait heureux et cela lui suffisait.

Plus réaliste que moi, il lui arrivait encore de murmurer :

« Ne t'emballe pas ainsi, mon chéri... »

Elle disait cela et puis elle se taisait. Elle n'osait pas achever sa phrase et me faire part de ses appréhensions.

Comme elle devait le redouter, l'échec; le retour sur terre. Elle savait qu'il serait terrible. Malgré elle, il devait lui arriver de l'imaginer, ce retour grincheux du père ramenant au foyer le froid de sa déception.

La maison vibrait de joie. Je riais. Je jouais avec les gosses. Ils criaient, s'amusaient. Ils allaient jusqu'à se permettre de parler à table. Tout l'édifice de discipline s'effondrait dans un vaste éclat de rire. Permission de détente générale. Durée illimitée...

« Dis, papa, on ira au bord de la mer ?

— Oui, mon petit.

— Non, moi je voudrais aller à Paris.

— Oui, mon petit.

— Moi, j'aimerais mieux la montagne. »

Je riais.

« Il faudra pourtant vous mettre d'accord, on ne peut pas aller partout en même temps.

— Alors, c'est maman qui décidera. »

Elle n'était pas exigeante, maman. Sans lever le nez de son tricot, elle disait :

« Oh ! moi, si je peux me payer un voyage, j'irai dans le Jura. Il faudra y aller tous, à cause des tombes. Il faudra aller remercier ceux qui veillent sur notre bonheur. »

XV

Notre bonheur, Françoise, tu le goûtais déjà malgré tes traits tirés et tes yeux battus. Ton bonheur naissait de cette gaieté bruyante, de cette allégresse tapageuse emplissant la maison rajeunie. La joie menait la ronde autour de ton immobilité laborieuse.

Des rires limpides d'enfants qui sonnent sous un toit éclairé de printemps, des rires venus de cœurs où le soleil pénètre enfin, voilà ton bonheur.

Est-ce que le travail compte pour des gens comme toi ? As-tu jamais eu besoin d'entrevoir la récompense pour continuer ton travail ?

Tu songeais à nos Vieux nous protégeant du haut du ciel. Tu estimais que notre premier devoir serait d'aller fleurir leur tertre délaissé, là-bas, dans ton pays, au pied des monts bleus. Bleus comme tes yeux agrandis de fatigue qui dévoraient la moitié de ton visage émacié.

Seuls les humbles, ceux qui ignorent l'orgueil, peuvent trouver dans leur cœur une place pour des pensées aussi simples.

Pour ma part, cette raison d'espérer m'avait tiré de ma léthargie des jours précédents. Avec mon demi-sommeil s'étaient enfuis mes rêves où il était question de notre vie de bonheur dans le pays retrouvé.

Je flairais le but et, comme le cheval qui sent l'écurie accélère son galop, je trépignais d'impatience. Je revoyais la route parcourue et ne pensais qu'à mon « travail ». J'avais peiné pour en arriver là et la peine des autres ne comptait pas.

Toi, Françoise, tu disais :

« Si ta pauvre maman était là, comme elle serait heureuse, et ton père aussi, je suis sûre. »

Cette évocation ne me remémorait que mon départ de leur maison où tout s'opposait à la réalisation de mon œuvre. Les Vieux étaient morts sans avoir voulu comprendre; en refusant de croire. Je n'osais pas te contredire, mais je n'étais pas loin de considérer qu'il était équitable qu'ils fussent morts « avant ». Ils n'avaient aucune place dans ma réussite, j'en étais le seul artisan, j'estimais normal d'en être l'unique bénéficiaire. En vous associant à ma joie, les enfants et toi, je vous faisais un cadeau princier. Les nouveaux riches ne savent pas la manière de donner et j'étais un nouveau riche. En vous faisant l'aumône d'un brin de tendresse, j'oubliais que, sans jamais rien réclamer, vous aviez attendu des années celle dont je vous avais privés.

M'endormant déjà sur mes lauriers imaginaires, je ne voyais pas tes yeux se fermer malgré toi sur ton travail.

« Tu crois que tu auras le temps de tout terminer ? Dépêche-toi, après tu pourras te reposer. »

Te reposer...

Il y a cette nuit, dans ce chaos d'idées qui me harcèlent, une image qui revient sans cesse. Un visage immobile. Un visage jadis rongé de fatigue et qui a enfin trouvé son repos. L'éternel repos. Ce visage est celui de ma mère. Ma mère sur son lit de mort.

Faudra-t-il, Françoise, que tu attendes aussi long-temps le droit au repos ? N'auras-tu pas une seule fois, avant de mourir, le temps de détendre ton corps perclus, ton attention sans cesse en alerte ? Ton amour inlassable ira-t-il, comme celui de ma mère, jusqu'à la tombe sans trouver un écho ?

Je voudrais pouvoir répondre NON. Puiser en moi la force de tout brûler, de briser le flacon de poison. Mais, ce soir, ma lucidité me permet de tout peser et je m'aperçois que tu as déjà absorbé une grande par-tie du poison.

J'ai bouclé la boucle. Le tour est terminé. J'ai pu revivre en une nuit ce drame silencieux de votre ago-nie, mes morts qui n'espérez plus rien de moi, ce drame de vie, mes vivants qui m'attendez.

Je reviens au jour de mon départ et je retrouve, Françoise, ton visage pâlot qui me souriait sur le quai de la gare. Dans tes yeux que tu écarquillais pour lutter contre le sommeil, l'espoir combattait l'épuisement.

« Au revoir, mon chéri. Sois confiant... Je penserai à toi. Je prierai pour toi. »

Et, confiant, trop confiant, je suis parti tendre ma joue à la gifle qui m'attendait, la vraie calotte sévère, plus dure à encaisser que les autres parce que plus redoutée et pourtant plus inattendue.

Tu m'avais recommandé d'être confiant. Recomman-dation superflue. J'étais si sûr de moi que je n'ai res-senti aucune émotion en pénétrant dans le bureau de l'éditeur. Mais une douche glacée, quand on s'attend à de l'eau chaude, ne vous réveille pas. Elle vous as-somme. En quelques mots, tout était dit. Bouche cou-sue, ravalant mon laïus préparé au cours du voyage, j'écoutais sans entendre. La première phrase m'avait suffi :

« Dans votre livre, il y a une idée, mais je ne peux pas l'éditer. »

Peu m'importaient les raisons de ce refus, les explications, les conseils. Ecroulé dans un fauteuil, je n'éprouvais rien qu'une vague impression de vide, un désir curieux de disparaître. J'avais perdu toute notion de temps et j'ignore ce que dura le monologue de cet homme dont je ne saurais dire s'il est jeune ou vieux, mince ou ventru. Sa voix était trop lointaine pour que je puisse affirmer qu'elle est douce. Soudain, il se leva. Je me souviens seulement qu'arrivé près de la porte, il me fit remarquer que j'oubliais ma serviette. Après s'être retourné pour la prendre, il me serra la main en disant :

« Travaillez. Recommencez et revenez me voir dans un an. »

Une porte se ferma. J'étais seul dans l'escalier quand, brusquement, tout s'éclaira. En arrivant dans la rue, j'avais repris pied.

Recommencer. Bien sûr, recommencer. Mais alors laisser tomber tout le reste encore une fois ! Abandonner Françoise au mal qui la ronge ! Autrement dit, continuer ce lent assassinat de vous tous !

Dix ans déjà. Dix ans que ça dure.

Dix ans depuis la mort des Vieux, les premiers tombés.

Et, dans cette nuit, dans ce train qui roule sur mon passé en direction de demain, j'ai si bien réussi à vous faire vivre tous, vous êtes là, présents avec une telle intensité, une telle densité, que j'ai vraiment l'impression de vous tuer, de vous retuer, maintenant que le train va ralentir. Maintenant qu'il va falloir descendre dans le réel.

A Lyon, j'ai changé de convoi sans m'en apercevoir. Il n'y a eu aucun entracte dans ce film de quelques heures projeté pour moi seul par la lanterne magique du souvenir subitement éclairée hier.

Car maintenant c'est le matin. Encore la nuit, mais déjà le matin. Et mon film s'achève avec la nuit. Les morts regagnent leur tombe, les vivants retrouvent leur sommeil dont mon retour va les tirer.

Le train s'arrête.

A l'est, le ciel pâlit imperceptiblement, ébauchant la masse confuse des collines. En contrebas de la voie ferrée, entre les rives noires endormies, déjà le fleuve cligne un premier remous. Il dérobe au ciel une dernière étoile... On dirait qu'il m'appelle.

« C'est l'heure à laquelle tu te levais jadis, hier encore, pour venir me voir... Souviens-toi.

« Viens. Avant une heure le soleil se détachera de la terre. Il grimpera dans le ciel sans tache, il caressera ma peau.

« Tu aimes ça, hein, le soleil sur ma peau duveteuse du réveil ? »

Non, il faut tourner le dos résolument. Une fois pour toutes.

Mes chaussures neuves crient pour me rappeler qu'elles ne connaissent pas la vase du fleuve. Elles sont des chaussures de ville, de travail. Je porte des vêtements de voyageur anonyme. Un pantalon vierge de peinture.

Je suis un homme identique aux autres hommes. J'ai les pieds sur la terre ferme.

Là-haut, de l'autre côté, des voix m'appellent : les vivants. Mes vivants endormis.

Quels rêves avez-vous faits cette nuit ? Quels rêves as-tu faits, petite Françoise, seule dans le grand lit ?

Etais-tu réellement plus seule que lorsque je dors à ton côté ? N'es-tu pas parvenue à faire surgir de la nuit une image de moi, une image plus conforme à ton désir, à ce que tu étais en droit de souhaiter que la vie t'accordât ?

Je viens de tourner le dos au fleuve et, derrière moi, j'entends monter sa voix. Et vos voix qui m'appellent vers la colline me semblent l'écho de sa voix.

A force de m'aimer, moi qui ne suis plus que son jouet, est-il possible que vous soyez arrivés à l'aimer aussi ?

J'ai toujours eu la haine de la vitesse, du monde moderne. Et pourtant, cette nuit, je me suis surpris à aimer la vitesse de ce train qui me ramenait vers vous. Vers toi, Françoise. Vers cette paix que tu es seule à savoir me donner.

Est-ce que vraiment tu espères encore ? Ma pensée ne m'a-t-elle pas précédé pour t'apprendre quel va être mon retour ?

Quand je pousserai la porte de la maison tiède, traînant, collé à moi, le froid de la nuit, portant en moi une fois de plus le froid des éternels espoirs déçus, que diras-tu, toi qui as prié depuis deux jours ? Toi qui espères peut-être encore en m'attendant...

J'ai tourné le dos au fleuve mais je sais qu'il n'y a pas de courage à l'origine de mon geste : je vais vers toi, Françoise, car, jamais aussi bien que cette nuit, je n'ai senti que j'ai besoin de toi. Que j'aurai toujours besoin de toi.

Je sais que tu m'attends.

Je sais que tu ne diras rien.

Tu souriras comme tu souris chaque fois. Tu n'auras pas besoin de parler, d'interroger. Tu me regarderas et moi non plus je n'aurai pas besoin de parler.

Tu sauras lire ma réponse dans mes yeux. Tu sauras la deviner dans mon silence.

Tu m'attireras à toi de toute la force de ton être déchiré et, sans un mot, tu me demanderas de croire encore. Quand tu sentiras aux battements de mon cœur que ma douleur s'apaise, tu éloigneras un peu ta tête afin de mieux me voir. Ton visage me sourira. Tes yeux me crieront que rien n'est fini, que tout commence, qu'il faut persévérer encore et toujours.

Ta main se tendra vers la fenêtre de l'est, celle que barbouillent de rose les premières lueurs de l'aurore.

Au lieu de larmes et de reproches, il y aura ton sourire et ton étreinte tendre et forte. Tu seras là, bien éveillée dans le matin, avec ta foi inébranlable et du courage pour deux.

Tu me montreras le soleil entre les arbres, sortant de la terre, là-bas où est ton pays dont tu ne parles plus. Là-bas où reposent ceux que tu as remplacés auprès de moi.

Une fois de plus, jeune encore dans l'aube blonde, tu m'offriras ton sacrifice et ton amour à jamais solide. Tu me feras comprendre que tu es prête, tu me rappelleras que tu t'es sentie prête dès le premier jour et que, crânement, tu iras jusqu'au bout.

Et le soleil lavera notre peine. Le vent du fleuve chassera les fantômes vivants de la nuit. Une fois de plus tu sauras, en silence, me dire que tu es là pour moi, offerte jusqu'au dernier souffle.

Tu n'auras pas besoin de mots pour me dire qu'il faut trouver, en même temps, la force de croire et le courage de VIVRE.

Vernaison, 1955.

DU MÊME AUTEUR

« Composition réalisée en ordinateur par INFORMATYPE SERVICE »

IMPRIMÉ EN FRANCE PAR BRODARD ET TAUPIN
7, bd Romain-Rolland - Montrouge - Usine de La Flèche.
LIBRAIRIE GÉNÉRALE FRANÇAISE - 14, rue de l'Ancienne-Comédie - Paris.

ISBN : 2 - 253 - 00028 - 0   ✠ 30/3835/3